周锡冰 著

海尔传

张 瑞 敏 与 海 尔 转 型

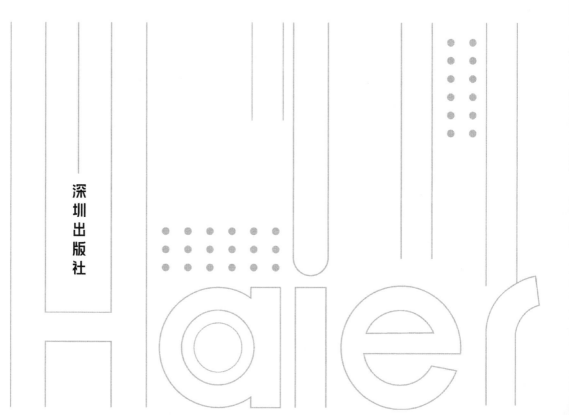

深圳出版社

图书在版编目（CIP）数据

海尔传：张瑞敏与海尔转型 / 周锡冰著. —— 深圳：
深圳出版社, 2025.2

ISBN 978-7-5507-4032-7

Ⅰ.①海… Ⅱ.①周… Ⅲ.①海尔集团公司 – 工业企
业管理 – 经验 Ⅳ.①F426.6

中国国家版本馆CIP数据核字(2024)第096078号

海 尔 传

HAIER ZHUAN

出 品 人　聂雄前
责任编辑　杨跃进　杨雨荷
责任校对　聂文兵
责任技编　郑　欢
装帧设计　刘瑞锋

出版发行　深圳出版社
地　　址　深圳市彩田南路海天综合大厦　　（518033）
网　　址　www.htph.com.cn
服务电话　0755-83460239（邮购、团购）
排版设计　深圳市无极文化传播有限公司　Tel：19168919568
印　　刷　深圳市华信图文印务有限公司
开　　本　787mm×1092mm　1/16
印　　张　14
字　　数　220千
版　　次　2025年2月第1版
印　　次　2025年2月第1次
定　　价　49.00 元

目　录

CONTENTS

· · · · · · · · · · · ·

绪　论

· · · · · · · · · ·

　　1978年5月11日，《光明日报》头版刊发特约评论员文章《实践是检验真理的唯一标准》，文章提出，检验真理的标准只能是社会实践，任何理论都要不断接受实践的检验。由此引发了一场关于真理标准问题的大讨论。这场讨论，冲破了"两个凡是"[1]的严重束缚，推动了全国性的思想解放运动，是党的十一届三中全会实现新中国成立以来我党历史上具有深远意义的伟大转折的思想先导，为改革开放拉开思想解放的序幕，同时也给正在或者即将登上历史舞台的企业家们提供了一个实现自我价值的千载难逢的机会。

　　企业家群体的出现，与大时代密切相连。1985年初，欧洲货币基金会主办了一场规模宏大、主题是"关于世界经济变革问题"的讨论会。会上，700多名政治家、实业家、银行巨头发表了自己的见解，虽然在许多问题上存在着严重的分歧，但有些认识却是一致的，即"世界正处在一个新时代的开端，这个时代可称之为企业家时代""企业家将由此开辟景象更为繁荣的道路"。[2]对于此阶段的中国而言，改革开放激活了诸多蓄势待发的行业产业。美国《纽约时报》（*The New York Times*）报道称，"中国大变革的指针正轰然鸣响"。

　　纵观中国历史，从秦到清的多个王朝中，革命成功者"多如繁星"，

---

1 "两个凡是"，指1977年2月7日《人民日报》、《红旗》杂志、《解放军报》社论《学好文件抓好纲》中提出的"凡是毛主席作出的决策，我们都坚决维护，凡是毛主席的指示，我们都始终不渝地遵循"。

2 张维迎，盛斌.企业家[M].上海：上海人民出版社，2014：6-30.

而改革成功者寥寥无几。由此，改革的作用常被忽视。不难理解，其中一个原因便是改革不如激进的革命那般波澜壮阔和惊心动魄。经济学家许小年直言："对于社会的发展、对于中华文明的成长，改革给民族和国家带来的影响，远远超过那些成功的革命。那些成功的革命大多是改朝换代，并没有对中国社会的演进产生实质性影响，而（商鞅变法和邓小平改革）这两次成功的改革却带来了深刻的实质性变化。"

在许小年看来，改革的作用比革命大更多。他举例说道："在1978年开始的农业改革中，我们解散了人民公社，实行家庭联产责任承包制，从根本上改变了农民的激励机制，其作用和商鞅的'废井田，开阡陌'是相似的，效果也是调动了农民的生产积极性。城镇经济改革和鼓励民营企业的着眼点同样在激励机制，由利润驱动企业家，由绩效工资激励工人，同时对外、对内开放，允许资源较为自由地流动。"

通常，人们把"改革开放"的着力点放在"对外开放"上，其实"开放"分为"对内"和"对外"两种，相较而言，"对内开放"的作用常被忽略。事实上，"对内开放"的重要性丝毫不亚于"对外开放"。许小年解释道："取消国家计划委员会、取消指令性计划后，资源摆脱了行政部门的束缚，在市场价格信号的指导下，朝着最有效率的地方配置，从低效的农业流入高效的城镇工商业，从低效的国有部门流入高效的民营企业。激励机制和资源配置方式的改变带来了总体经济效率的提高，表现为国内生产总值的高速增长。"[1]

对于"对内开放"的作用，身为"改革开放"参与者的海尔集团创始人、董事局名誉主席张瑞敏更是感触颇深地说："改革开放四十年最大的成就是什么？是生产力的极大增长。但本质是什么？其实是对人的积极性的解放。积极性来自哪里？从制度看，一是要满足参与约束[2]，二是要满足激励相容[3]。改革开放前很多人没有机会，改革开放后都有机会了。"

---

1 许小年.许小年：中国历代变法为何只有商鞅和邓小平成功了[EB/OL].（2017-02-20）[2023-10-15]http://finance.sina.com.cn/roll/2017-02-20/doc-ifyarrcf4991942.shtml.
2 参与约束，指行为人参加工作的收益不小于不参加工作的收益。
3 激励相容，指人都有自利的一面，要让其追求个人利益的行为正好与企业价值最大化的目标相吻合。

在改革开放前，不管干多少，农民全年就是360斤口粮，工人就是死工资。张瑞敏回忆说道："我刚开始工作是在'文革'期间，很多工人十几年没有涨一分钱的工资，生产投入和成就没有任何关系。改革开放改变了这一点，所以是对人性的极大解放。"[1]在这样的大变革下，时代巨轮驱动着顺势而为的企业及其经营者们。对于海尔来讲，1984年是一个扭转局势的年份。1984年，位于山东省青岛市的青岛电冰箱总厂（海尔的前身）年亏损金额达到147万元，山东省青岛市政府不得不"调兵请将"，在一年内竟然换了四任厂长。在应然和实然中，1984年12月26日，35岁的张瑞敏临危受命。

之后的岁月里，身为中国最著名企业家之一的张瑞敏力挽狂澜，踏上了做强做大海尔以及实现"人的价值最大化"的漫漫长路。海尔六个战略发展阶段，不仅展现了张瑞敏和他所书写的海尔神话所做的探索管理变革的努力，呈现了中国企业家在临危受命后的果敢和敢为天下先的自我思维进化，还见证了国产产品质量的稳步提升和民族企业的组织转型与升级，让全世界看到中国企业打造国际品牌的梦想和情怀。

01	02	03	04	05	06
名牌战略	多元化战略	国际化战略	全球化品牌战略	网络化战略	生态品牌战略
1984-1991	1991-1998	1998-2005	2005-2012	2012-2019	2019-
"砸冰箱"，创出中国第一个冰箱名牌	以海尔文化激活"休克鱼"模式，创出中国家电第一品牌	成为中国品牌走向全球化的代表，创出中国的世界名牌	整合三洋白电、兼并新西兰通用电气家电、Candy，创出全球最大的家电品牌集群	变成网络上的一个节点，创出从"卖产品"到"卖服务"的转型	从传统时代的产品品牌，到互联网时代的平台品牌，再到物联网时代的生态品牌

资料来源：海尔官网

图绪-1 海尔发展的六个战略阶段

想当初，张瑞敏原本打算帮青岛电冰箱总厂走上正轨后就回到原单位——青岛市家用电器工业公司，事后却留下来近40年，还打造了海尔这个国际化品牌。2022年9月6日，国际领先的品牌战略管理咨询公司——英图博略（Interbrand）发布《2022中国最佳品牌排行榜》，海尔品牌价值持

1 秦朔.秦朔专访张瑞敏：听中国商界的苏格拉底详解人单合一[EB/OL].(2017-10-12)[2023-10-15]. https://www.sohu.com/a/197762812_769178.

续提升，蝉联行业第一。

2021年11月5日，张瑞敏主动辞任海尔集团董事局主席和首席执行官，受邀担任海尔集团董事局名誉主席，周云杰正式就任海尔集团董事局主席和首席执行官，这种创新的传承机制，使海尔在转型成为生态型企业后仍在持续进化。

张瑞敏说："经过很多年的无止境的创新创业，我们已经搭好了生态型企业的框架，现在还要不断向前进化。进化是无止境的。为了人单合一模式更好地发展，虽然还没到原来为我设计的办理退休的时间，但我决定今天辞去所有的一线职务，退居二线。"

虽退居二线，张瑞敏还会照常参加集团的例会，只是角色会发生变化。张瑞敏补充道："以前的会议，以我说为主，将来的会议，我以听为主。二战时著名的美国将领麦克阿瑟（Douglas MacArthur）在西点军校的最后一次演讲中说，'老兵不死，只是淡出舞台'。今天，我也是如此。海尔的创业精神永不灭，但我会逐渐淡出舞台。"

在张瑞敏看来，有序地交接班是为了避免科层制模式下企业领导人交接班经常出现的兴衰更替的情况。与此同时，张瑞敏还通过对"人单合一"模式10多年的探索，把科层制企业成功转型为自组织、自驱动、自进化的生态型企业。这样的管理范式不仅激活了"人"的价值，还与当下数字时代企业亟待智能化转型的需求相契合。

张瑞敏的隐退，意味着海尔"张瑞敏后时代"的引擎已经开启。在张瑞敏"主政"的30多年中，海尔经历了从无到有、从濒临破产到成长为国际品牌的巨变，背后的企业管理智慧值得所有企业学习。

公开数据显示，海尔集团2022财年全球营业收入达到3506亿元，增长5.4%，生态收入450亿元，增长16.3%，全球利润总额252亿元，增长3.7%。

随着业绩的增长，各种荣誉如雪花般飞来：2023年，海尔已经以全球唯一物联网生态品牌连续5年蝉联"BrandZ最具价值全球品牌100强"；海尔入选《财富》世界500强；海尔连续2年蝉联《财富》中国ESG影响力榜；海尔入选"2023全球开放式创新百强榜单"；海尔入选首份"双实企业"标杆榜单；海尔集团第16次入选中国品牌节"华谱奖"；蝉联"叱咤全球的国家名片"；Interbrand发布《2023中国最佳品牌排行榜》，海尔品牌价值持续攀升，蝉联行业第一；海尔蝉联福布斯中国"年度最佳雇主"和"年度最具数字责任雇主"；海尔集团荣获"2022年度杰出责任企业"和"2023年度ESG竞争力企业"；海尔入选2023（第29届）中国品牌价值100强，品牌价值高达4501.28亿元，连续22年位居榜首……

传奇还在书写，其边界也正在向外扩张。据海尔官网介绍，截至2023年5月，海尔集团拥有4家上市公司，分别是：海尔智家（股票代码:600690），海尔生物（股票代码:688139），盈康生命（股票代码:300143），雷神科技（股票代码:872190）。[1]

一、海尔智家。海尔智家聚焦用户最佳体验的持续迭代，为消费者提供智慧家庭解决方案，创造全场景智能生活体验。拥有海尔（Haier）、卡萨帝（Casarte）、Leader、GE Appliances、Fisher & Paykel、AQUA、Candy七大全球化高端品牌和全球首个智慧家庭场景品牌"三翼鸟（THREE WINGED BIRD）"，不仅打造了海尔全球化品牌集群，而且也满足全球不同区域、不同用户族群的最佳体验。

资料来源：海尔官网

图绪-2 海尔全球化高端品牌

2021年，在国内外经济形势衰退的双重压力下，海尔智家交出了一份相对满意的答卷。《海尔智家股份有限公司2021年年度报告》数据显示："2021年公司实现收入 2275.56 亿元；2021 年，公司实现净利润 132.17

1 海尔集团官网.海尔集团简介[EB/OL]. (2023-01-01)[2023-10-28].https://www.haier.com/about-haier/intro/.

亿元，较 2020年增长 16.7%；实现归母净利润130.67亿元，较2020年增长47.1%。"

二、海尔生物。海尔生物医疗成立于2005年，聚焦生命科学与医疗创新数字场景，以生物制药、智慧实验室、智慧公卫、智慧血液、数字医院等场景为基础，通过科技创新融合，为用户提供全景定制解决方案，产品及解决方案已应用于全球130余个国家和地区。

三、盈康生命。盈康生命科技股份有限公司成立于1998年，2010年12月在深圳证券交易所创业板上市，经过20多年转型发展，逐渐成长为国内领先的肿瘤放射治疗设备综合服务商和肿瘤医疗服务运营商。2019年3月，盈康生命控股股东变更为青岛盈康医疗投资有限公司，实际控制人变更为海尔集团公司，成为海尔大健康生态品牌盈康一生的成员企业。2021年，公司实现营业总收入1089867456.38元，同比增长5.93%。[1]

四、雷神科技。青岛雷神科技股份有限公司，是海尔集团"人单合一"模式下投资孵化的一家创客公司，始创于2013年，成立于2014年1月。

凭借为用户提供极致的使用体验，以"无交互不开发，无公测不上市"为产品开发理念，打造出"雷神（THUNDEROBOT）"和"机械师（MACHENIKE）"两大电竞硬件品牌，形成以电竞笔记本、电竞台式机、外设周边三大产品阵列为主的电竞全场景硬件装备解决方案。并与合作方共创，打造电竞房、电竞酒店、电竞赛事、电竞产业园等新业态，不断拓展电竞生态产业边界[2]，雷神公司获得资本的青睐：（1）2014年12月，雷神科技引进麟玺创投等投资机构，获得Pre-A 融资，金额500万元。（2）2015年5月，雷神科技引进京东金融等投资机构，完成A轮融资，金额2250万元，（其中京东股权众筹1500万元）。（3）2016年3月，雷神科技完成B轮融资，金额3500万元。（4）2017年2月，雷神科技引进同创伟业、赛富基金、优格互联、海立方舟等投资机构，获得C轮融资，金额6500万元。（5）2017年9月，雷神科技正式完成在新三板挂牌。（6）2022年12月

1 海尔.海尔智家股份有限公司2021年年度报告[R/OL].（2022-03-31）[2023-10-15].https://finance.sina.com.cn/roll/2022-03-31/doc-imcwiwss9131444.shtml.

2 王彤.雷神科技：勇立电竞潮头"爆款"频出 "电竞装备第一股"搭市场快车迅猛发展 雷神着眼"质价比"迈入高速增长的通道[N].青岛日报，2023-11-22.

23日，雷神科技在北京证券交易所公开发行上市（股票简称：雷神科技；股票代码：872190），成为北交所"电竞装备第一股"。[1]

与此同时，雷神科技的品牌价值持续增长。2021年，世界品牌实验室《中国500最具价值品牌》，雷神品牌价值103亿元；2022年，世界品牌实验室《中国500最具价值品牌》，雷神品牌价值128.85亿元；2023年，世界品牌实验室《中国500最具价值品牌》，雷神品牌价值155.26亿元。

作为一家全球化的跨国企业，海尔不仅布局全球市场，同时也致力于对本土化产品的研发、设计和生产。据海尔官网介绍，海尔在全球设立了10+N创新生态体系、35个工业园、71个研究院、138个制造中心和23万多个销售网点，旗下海创汇创业加速器平台孵化了7家独角兽企业、102家瞪羚企业、80家专精特新"小巨人"。[2]此外，海尔目前在全球拥有126个营销中心，全球销售网络遍布200多个国家和地区。

资料来源：海尔官网

图绪-3 海尔全球化网络布局

在产业板块，海尔集团聚焦实体经济，布局智慧住居、产业互联网和大健康三大主业，致力携手全球一流生态合作方，持续建设高端品牌、场景品牌与生态品牌，以科技创新为全球用户定制个性化的智慧生活，助力企业和机构客户实现数字化转型，推动经济高质量增长和社会可持续发展。

2023年1月6日，世界权威调研机构欧睿国际数据显示：2022年海尔全球大型家用电器品牌零售量第一，这也是海尔第14次蝉联全球大型家用电

---

1 雷神科技官网.公司介绍[EB/OL].(2016-01-19)[2023-12-23].https://www.thunderobot.com/article/64.

2 海尔集团官网.海尔集团简介[EB/OL].（2023-01-01）[2023-10-15].https://www.haier.com/about-haier/intro/.

器品牌零售量第一。此外，海尔冰箱、洗衣机、酒柜、冷柜同样拿下零售量全球第一。其中，海尔冰箱15年蝉联全球第一、海尔洗衣机14年蝉联全球第一、海尔酒柜13年蝉联全球第一、海尔冷柜12年蝉联全球第一。[1]这些辉煌的业绩，是张瑞敏和数以万计的海尔人30多年共同辛苦耕耘结出的果实。当我们追溯其起点，自然而然地想起在1984年12月的那个寒冷的冬天，"53张请调报告"正在等待临危受命担任青岛电冰箱总厂厂长的山东汉子张瑞敏的批准，就这样，张瑞敏徐徐地拉开了"海尔"从亏损到世界顶级家电生产制造商的凤凰涅槃的华丽蜕变的幕布。

---

1 环球网.欧睿国际：海尔连续14年居大型家电品牌零售量第一[EB/OL].(2023-01-06)[2023-10-15]. https://3w.huanqiu.com/a/c36dc8/4BAycg1QEoS.

第一章

临危受命

Haier

1984年12月26日，上级领导派遣时任青岛市家用电器工业公司副总经理的张瑞敏赴任青岛电冰箱总厂厂长，当时已严重亏损的青岛电冰箱总厂正处于水火之中。

张瑞敏回忆说道："海尔集团的前身是青岛电冰箱总厂。1984年，我临危受命，沿着唯一一条通向工厂的泥路，踏入濒临倒闭的青岛电冰箱总厂衰败的大门。这一年，已经有三个厂长辞职了，我是第四任厂长。"[1]在海尔官网上的发展历程介绍中，就有张瑞敏所说的1984年时青岛电冰箱总厂的衰败的大门图片。

图片来源：海尔官网

图1-1 1984年青岛电冰箱总厂大门

正如张瑞敏所言，青岛电冰箱总厂虽然历史久远，但却是负债累累。公开资料显示，1984年，青岛电冰箱总厂拥有员工820人，年生产电冰箱740台，销售收入348万元，固定资产500万元，年亏损147万元，出口为零。当时企业面临的市场环境是，全国生产电冰箱的厂家有近100家，国外产品蜂拥而入，各种牌号的电冰箱充斥市场，竞争十分激烈。[2]

1 敏娴."改革先锋"张瑞敏：只有不断创业 才能无愧时代[EB/OL].（2018-12-22）[2023-09-25]. http://news.china.com.cn/2018/12/22/content_74302981.htm.
2 王敏.从海尔的发展历程看企业内部控制环境建设[J].财会通讯，2002（05）：34-36.

Haier

海
尔
传

◎ "53张请调报告"

张瑞敏的果敢赴任，让上级领导燃起了对青岛电冰箱总厂"寒门逆袭"的希望，局长直截了当地对张瑞敏说："我想派你去电器厂干。我知道这很难为你。可是我把局属厂子里的几十个厂长挨个都考察了一遍，没有一个合适人选。"[1]

上级领导之所以认为张瑞敏是最佳人选，最重要的原因是：张瑞敏热爱学习，踏实能干，从基层一步一步地被提拔到青岛市家用电器工业公司副总经理的位置，解决问题的能力较强。

1949年1月5日，张瑞敏出生在山东莱州，打小就热爱学习且成绩优异，初、高中就读于青岛一中。

1966年，"文化大革命"的爆发影响了张瑞敏的学业。1968年，高中毕业的张瑞敏没有继续深造，只能到五金工厂当工人。但是求学心切的张瑞敏，依旧没有停下学习的脚步，而是通过自学不断提升自己的知识水平。在接受媒体采访时，张瑞敏回忆称，即使在"文化大革命"期间，他也没有停止学习，千方百计地借书阅读。在当时，张瑞敏害怕被其他人议论走"白专道路"（只知道埋头钻研业务，不重视政治学习），不得不想出应对的办法。

具体的办法是：一是把自己所要看的书籍包上封皮。例如，范文澜撰写的《中国通史简编》、蔡东藩撰写的《东周列国志》等文史著作。二是互相交换借阅。当时，"借书圈"有一个约定俗成的规矩，互相交换借阅的时间仅两三天，且到时间后必须归还。其间，张瑞敏借阅了不少外国文学作品。例如，俄国作家安东·巴甫洛维奇·契诃夫（Anton Pavlovich Chekhov）所写的《套中人》。《套中人》的主角叫别里科夫，此人非常害怕变化，因此为自己创造了一个相对安全的套子。在日常生活中，别里科夫总是把自己的脸躲在竖起的衣领里，戴着一副黑色的眼镜，甚至还在耳朵里塞上棉花。除了把自己装在套子里，别里科夫觉得一切被禁止的东西

1 赵子仪.张瑞敏商道真经[M].北京：新世界出版社，2010：02-03.

才踏实，对一切没有明令禁止的事情，都认为可疑，甚至是害怕。别里科夫经常说："千万别闹出什么乱子来。"对于别里科夫这个角色，即使过了近50年，张瑞敏依旧很清楚地记得。

持续学习培养了张瑞敏独立思考的能力。当时，一位借书给他最多的人对张瑞敏说道："中国不可能这样下去，不办大学、不学知识，那这个民族就完了，总有一天会改变。"

张瑞敏认同这样的观点。在接受《第一财经日报》原总编辑秦朔采访时，他说道："其实那时不少人的头脑还是清醒的，对中国的未来并不悲观。像顾准，临终前告诉吴敬琏，中国的'神武景气'是一定会到来的，只是什么时候来不知道。他送给吴敬琏四个字：'待机守时'，说时机不到你想报国也没有用，还是要继续我们的研究，把中国的问题研究清楚，那样才能对国家提出有用的意见。"[1]

谈到顾准，张瑞敏回答了两遍："顾准的书我看过。"1974年，由于工作认真、能力出众，张瑞敏被任命为青岛建筑五金厂团委书记。在任团委书记期间，张瑞敏白天在工厂工作，晚上在夜校学习，学习的专业就是机械制造。

在那段学习期间，张瑞敏骑着自行车从工厂赶到学校，再从学校回家。由于道路崎岖，骑车颠簸较为剧烈，每次学校到家往返都会出不少汗水。当然，这点问题是难不住求学若渴的张瑞敏的。在每天骑车出发前，张瑞敏会事先准备好一条毛巾擦汗用，有时毛巾甚至还能拧出水，这一骑就是四年。

对于张瑞敏来讲，夜校教授的是大学课程，不仅解决了他在高中毕业后没有接受系统训练的问题，还让他学习到了机械制造相关的技术。

其后，张瑞敏把学习到的机械制造相关的技术知识进行应用，在厂里进行了一系列技术革新，得到厂领导的认可。张瑞敏也开启了自己的晋升之路——班组长、车间主任、副厂长。

1980年，张瑞敏被调到青岛市家用电器工业公司担任副总经理。此

1 秦朔.张瑞敏的海尔33年：心心不停念念不住[R/OL].（2018-01-06）[2023-10-15].https://tech.sina.com.cn/it/2018-01-06/doc-ifyqkarr7482980.shtml.

刻，改革开放的春天已经来了。1984年12月26日，35岁的张瑞敏因为能力出众，被上级领导委派到青岛电冰箱总厂当厂长。

领导考察后认定张瑞敏是最佳人选的另一个重要原因是他具有敏锐的市场洞察力。张瑞敏在青岛市家用电器工业公司担任副总经理期间，积极主张引进先进的设备和技术，其敏锐的市场洞察力已经显现出来，相比之前赴任的前三位厂长，张瑞敏对市场判断更胜一筹。

肩负上级领导的期望，张瑞敏不畏艰难，砥砺前行。在当时，张瑞敏面临三个问题：一是缺少足够资金的支持。引进先进的设备和技术项目需要高达900多万元的贷款，在当时，职工的月收入只有区区不到40元人民币，900多万元的巨额贷款无疑是一个天文数字。二是职工责任心不强，得过且过，都想调入到当时盈利较好的青岛红星电器厂，甚至当看到别的工厂盈利后，纷纷要求厂长批准自己调离。三是青岛电冰箱总厂连支付职工工资都得靠借，更别谈奖金。据海尔官网介绍："张瑞敏带领新的领导班子来到青岛电冰箱总厂，当时冰箱厂已经亏空147万元，张瑞敏是到农村大队借钱，才使全厂工人过了年。"

图片来源：海尔官网

图1-2 20世纪80年代的青岛电冰箱总厂实景

面对困难，张瑞敏逆流而上，很多年后，张瑞敏回忆说道："欢迎我的是53份请调报告，上班八点钟来，九点钟走人，十点钟时，随便往厂区大院里扔一个手榴弹也炸不死人。到厂里就只有一条烂泥路，下雨必须要用绳子把鞋绑起来，不然就被烂泥拖走了。"[1]

这样的"黑色幽默"足以说明，青岛电冰箱总厂的问题超过张瑞敏的想象。

查阅海尔漫长的企业变革历史发现，海尔的起点可以追溯到20世纪50年代。海尔的前身——青岛东风电机厂，是由山东省青岛市第二轻工业局家电企业联合组织起来的一个手工业生产合作社。据了解，该合作社是由几个人凑钱创建的。据人民网刊发的信息披露，张瑞敏还曾亲自看到过20世纪50年代股东入股的原始凭据，有人出钱，有人以生产资料作价，几百元、几十元的都有，是几个人凑起来的一家股份制企业。

由于历史的原因，国家出台赎买政策，用合作社的利润给创始股东退了股，由此变成了集体所有制。但从根本上来讲，用企业的利润退股其实是不对的，那应该是股东的分红，但合作社上面有一个二轻集体企业联社也就是手工业联社，联社集中上去的管理费倒过来给股东，就算作退股，等于是一种回购。从历史上看，海尔在青岛一直隶属于二轻联社，"从娘胎里头就是这样"。

其后，为了适应我国国民经济的发展，合作工厂也就逐渐替代了之前的合作社模式。在当时，这些合作工厂生产的主要产品有交直流电动机、民用的吹风机和小台风扇，并开始涉足其他家用电器的生产。

20世纪70年代末期，青岛东风电机厂开始生产洗衣机。根据"山东省情库"的资料记载，1979年5月，青岛东风电机厂试制出洗衣机样机5台，当年生产"白鹤"牌XPB1.5-1型单桶洗衣机650台。1980年3月，经山东省青岛市二轻局批准，青岛东风电机厂、青岛工具四厂合并成立青岛日用电器厂（海尔前身）。1981年8月，山东省家电公司统一规划和清理整顿全省洗衣机行业，最终确定3家定点生产企业，分别是济南洗衣机厂、烟台洗衣

1 海尔官网.张瑞敏的1985[EB/OL].（2021-11-06）[2023-10-15]. https://www.haier.com/press-events/news/20211108_172896.shtml.

机厂、青岛日用电器厂。

经过整顿之后，山东省洗衣机产量有所下滑——由1981年的14.31万台下降到1982年的12.47万台，即使到了1983年（洗衣机产量12.49万台），也没有达到1981年的生产水平。[1]公开资料显示，1979-1983年，青岛日用电器厂共生产了"白鹤"牌洗衣机5.8万多台。

在此轮适应消费者需求的探索中，青岛日用电器厂也进行了转轨，虽然洞察到消费者的新需求，但是由于企业基本是在计划经济体制下进行传统、盲目、粗放式的生产和经营，该厂生产的产品存在外观粗糙、质量参差不齐、升级换代缓慢等问题，产品竞争力不强，甚至企业在与同行业竞争中面临被淘汰的局面，该厂亟待新的调整。

1983年10月，根据部、省、市的指示精神，青岛日用电器厂再次准备战略转型：一是积极外出考察电冰箱生产技术；二是调研中国本土市场需求；三是积极准备生产电冰箱。

一切准备就绪后，机遇再次垂青了青岛日用电器厂。1984年1月1日，经山东省青岛市经委的批准，青岛电冰箱总厂的名称被正式启用。不仅如此，该厂决定引进当时海外先进的冰箱生产技术和设备，并正式与德国利勃海尔公司签订了电冰箱制造技术合同，合同于1984年9月12日生效。[2]

据了解，德国利勃海尔是一家家族企业，由汉斯·利勃海尔（Hans Liebherr）在1949年创建。利勃海尔不仅成为世界建筑机械领域技术领先的制造商，也是一家欧洲知名的冰箱制造商。发展到今天，即使面临全球经济形势下行的巨大压力，利勃海尔集团的营业收入在2021年仍增长12.6%。

在这里，需要提到的是，此次战略转型：第一，引进了当时世界上一流的冰箱制造技术和生产设备。20世纪80年代，虽然改革开放才刚刚启动，但是中国政府却看到了国内企业竞争力的短板。为了尽快补齐短板，中国政府倡导"以市场换技术"的战略，以提升企业的竞争力。对于"以市场换技术"，学者董书礼分析说道："实施'以市场换技术'战略的主要目标是通过开放国内市场，引进外商直接投资，引导外资企业的技术转

---

1 山东省情库.第三类　洗衣机[EB/OL].（2022-10-13）[2023-10-7].https://shandong-chorography.org/database/a/section/24/article/156/.

2 李元.海尔集团发展历程[J].轻工标准与质量，2004（01）:22-23.

移，获取国外先进技术，并通过消化吸收，最终形成我国独立自主的研发能力，提高我国的技术创新水平。应该说，该战略实施10多年来，对我国产业发展、生产能力和生产技术水平的提高起到了很大的推动作用。"[1]在此次"以市场换技术"的浪潮中，青岛电冰箱总厂也在获取外国先进技术之列。张瑞敏说道："也正是在那一年（1984年），青岛电冰箱总厂从德国利勃海尔引进全套设备和技术。我第一次到德国去考察，也第一次见识了真正的工厂。让我感到震撼的，不只是他们的自动化技术，还有他们工厂中多达1942条的标准，每个工人都异常认真，每个工位都力求尽善尽美。除了我们，当时还有两家企业与利勃海尔有合作，一家在武汉，一家在杭州。武汉那家后来被兼并了，杭州那家不知所终。而我们是唯一一家逐条消化那1942条标准并转化成我们自己的标准的企业。"[2]从张瑞敏的观点中不难看出，改革开放后"以市场换技术"给中国企业的发展提供了一个前所未有的契机。

第二，成就了日后大名鼎鼎的中国企业家张瑞敏。引进先进设备和技术虽然遭遇了极大的困难，但是却非常有远见。正因为如此，张瑞敏才被誉为中国企业家教父。2018年，《半月谈》杂志的《承袭1978的风骨，张瑞敏和海尔在变革中前行》一文这样评价他："张瑞敏、柳传志、王石……中国第一代创业者用日后非凡的成就，为这一年（1984年）注入了'中国现代企业元年'的非凡意义。改革开放历经40年，中国现代企业发展也度过了34个春秋。当今年（2018年）张瑞敏入选改革先锋时，我们恍然发现那一代人已纷纷隐去，却唯有他仍在破立中前行。"[3]该文直言不讳地称，张瑞敏在30多年前与曾经的企业先驱们同行，又在30多年后与新时代的创业者为伍。"改革开放至今，中国企业历尽千帆。张瑞敏与海尔不曾掉队，每一个十年都在百舸争流中成长。从濒临倒闭的小厂到跨入世界500强，海尔一直葆有生命力的原因即是承袭1978年的风骨，坚持着自以为

1 董书礼.以市场换技术战略成效不佳的原因辨析及我国的对策[J].科技与管理，2004（04）：04-07.
2 敏娴."改革先锋"张瑞敏：只有不断创业 才能无愧时代[EB/OL].2018-12-22）[2023-09-25].
http://news.china.com.cn/2018-12/22/content_74302981.htm.
3 半月谈.承袭1978的风骨，张瑞敏和海尔在变革中前行[EB/OL].（2018-12-19）[2023-08-20].
https://news.sina.com.cn/o/2018-12-19/doc-ihmutuee0797814.shtml.

非的变革精神。"

鉴于张瑞敏所做的贡献，张瑞敏被授予"改革先锋"称号。面对荣誉，张瑞敏说："没有改革开放，就没有今天的海尔，也没有今天的张瑞敏。我是一个非常普通的人，是改革开放赋予每个人勇气，让每一个人把活力充分发挥出来。"

张瑞敏直言："之所以说'没有改革开放就没有海尔'，是因为改革开放的每一个阶段，都为海尔的生存与发展提供了宝贵的机遇。"

（1）"起死回生"。1984年，海尔之所以能够"起死回生"，从亏损转为实现盈利，一个重要的因素就是改革开放给企业提供了"引进国外设备与技术"的机遇，否则谁也救不活海尔。

据张瑞敏介绍，1984年的海尔是一家资不抵债的集体所有制街道小厂，其生产设备陈旧，没有核心技术，管理混乱，工厂也濒临倒闭。张瑞敏回忆说道："为了改变这种状况，我们决定引进国外生产线。"

此前，中国集体所有制企业是无法到海外直接引进先进技术的，而1984年就是一个分水岭，1984年10月，党的十二届三中全会通过了《中共中央关于经济体制改革的决定》，该决定指出："在当代，生产力和科学技术的发展更加迅速，尽管国际关系错综复杂，矛盾重重，但从总的方面来说，国际性的经济技术联系仍然很密切，闭关自守是不可能实现现代化的。"

十一届三中全会以来，中国政府把对外开放作为长期的基本国策，作为加快社会主义现代化建设的战略措施，在实践中已经取得显著成效。"今后必须继续放宽政策，按照既要调动各方面的积极性、又要实行统一对外的原则改革外贸体制，积极扩大对外经济技术交流和合作的规模，努力办好经济特区，进一步开放沿海港口城市。"由此启动工业经济改革，强调学习国外先进技术和搞活企业。

"春江水暖鸭先知"，海尔抓住时代的机遇，果敢地引进了德国利勃海尔电冰箱生产技术和优质管理，实施名牌战略，打破了过去仅仅凭借自己落后设备和技术进行产品开发和生产的落后局面。张瑞敏毫不讳言地说："引进先进的技术和设备，成了海尔起死回生的关键外因。加上海尔员工珍惜改革开放的机会、狠抓内部管理的内因，到1988年，海尔摘取了中国冰箱行业历史上第一枚质量金牌。"

（2）"由小到大"。当海尔已经发展到一定的规模时，海尔的边界扩张就需要依靠更多的支持。海尔1992年之所以能够建立家电行业的第一个工业园，一个重要的因素还是改革开放提供的"开放资本市场"的机遇。

据张瑞敏介绍，1991年12月，在青岛市委、市政府的支持下，海尔合并了青岛电冰柜总厂和青岛空调器总厂，成立海尔集团，进入了多元化发展战略阶段。

1992年1月18日至2月21日，邓小平视察武昌、深圳、珠海、上海等地，沿途发表"南方谈话"，要求改革开放"胆子要再大一点，步子要再快一点"。1992年6月，海尔在"南方谈话"的激励下，贷款购入了800亩工业用地，准备修建海尔工业园，其建设资金需要16亿元，如此庞大的金额，当时银行无法支持，扩张遭遇资金瓶颈。

与此同时，资本市场在逐渐形成。此刻，国家开始培育发展资本市场，上海资本市场开始对中国的所有企业开放。据张瑞敏介绍，海尔抓住了这个机遇，1993年11月，海尔股票在上海证券交易所上市，筹集到的资金使海尔工业园得以顺利建成。1997年前后，海尔继续抓住国家优惠政策，兼并了18家企业，规模得到了快速扩张。

（3）"由国内到国际"。海尔之所以能够进行国际化的运作、在全球创品牌，离不开中国政府的改革开放国策。张瑞敏说道："改革开放提供了'中国加入WTO、鼓励企业走出去'的机遇，让中国企业融入全球市场。"

究其原因，随着改革开放的深化和全球经济的一体化，中国已经成为全球化市场的一部分，中国企业只有参与到全球市场，才能提升自身的竞争力。在全球化的过程中，中国已经走在前列。中国2001年加入世界贸易组织后，为了鼓励中国企业走出去，2002年，党的十六大又提出了中国企业"走出去"的战略。张瑞敏说道："海尔结合自身实际，再一次抓住机遇，加快了开放步伐，提出'走出去、走进去、走上去'的三步走战略：走出去，就是出国创牌；走进去，就是成为本土化企业；走上去，就是成

海尔传

为当地的世界名牌。"

张瑞敏举例说道:"打个比方:走出去,就像出国留学;走进去,就是获得绿卡;走上去,就是融入当地主流社会。2008年12月,海尔已初步实现了全球化布局。在国内建了12个工业园;在美国、巴基斯坦、约旦、泰国建了4个工业园。全球拥有28个制造基地、6个综合研发中心、19个贸易公司、58800个营销网点,海尔的产品已经在100个国家销售。"[1]与张瑞敏持类似看法的,还有华为创始人任正非。在2015年冬季达沃斯论坛现场接受英国广播公司(British Broadcasting Corporation,缩写BBC)首席财经记者岳·琳达(Linda Yueh)采访时,任正非表示:"根据深圳(19)87年18号文件,可以创立民间科技企业,就走上这条不归路。因为幼稚才走上通信这条路,认为通信市场这么大、这么多,我搞个小产品总有机会吧?但是通信产品稍稍只要有一个指标不合格,就是废品。通信是全程全网的,会导致与世界通讯不通,这样严苛的技术标准对小公司是极其残酷的,一个小公司要搞高技术标准,怎么可能?我们是付出了生命的代价,才生存下来的。当时也不可能再后退了,因为一分钱都没有了。只有向前,因此我们走上了这条不归路。"[2]随后,在接受《新华每日电讯》记者专访时,任正非坦言:"华为的发展得益于国家政治大环境和深圳经济小环境的改变,如果没有改革开放,就没有我们的发展。深圳1987年18号文件明晰了民营企业产权。没有这个文件,我们不会创建华为。"[3]

1 张瑞敏.张瑞敏:没有改革开放就没有海尔[J].中国名牌,2009(03):28-31.

2 澎湃新闻.任正非首次公开演讲:华为的难题是赚的钱太多,愁如何分配[EB/OL].(2015-01-23)[2023-07-20].https://www.thepaper.cn/newsDetail_forward_1297124.

3 赵东辉,李斌,刘诗平等.任正非:28年只对准一个城墙口冲锋 [J].中国中小企业,2016(06):40-44.

◎ "十三条规定"

赴任厂长后，张瑞敏发现了诸多的问题，但是只有提升员工的责任意识和工作效率，才能解决问题，否则一切都免谈。

在当时，该厂的员工十分羡慕国有企业的员工：第一，国有企业的很多优惠政策青岛电冰箱总厂是没有办法得到的，不少员工直言："我们不得'天时'；第二，工厂是在平了一片坟地的基础上建起来的，离火葬场很近，当时员工上班没活干，有的员工看着火葬场的大烟筒说，'我们这个厂是火葬场的八车间'，言外之意，这个厂早晚要完蛋，年年亏损，不得'地利'；第三，1984年上半年，厂里还有800多名员工，到了下半年，剩下不到700人，有100多人写了请调信调走，人心涣散，不得'人和'。"[1]很多职工对该厂已经丧失信心。

由于青岛电冰箱总厂是集体所有制企业，根本就招不到大学生，只有三个电大的毕业生。在当时，大学毕业生的求职单位要么是政府部门、科研单位，要么是国有企业。即使是张瑞敏自己，也是被迫而来。连换三任厂长也不见青岛电冰箱总厂有丝毫起色，张瑞敏作为青岛市家电公司副经理责无旁贷。很多年后，张瑞敏回忆说道："我是在1984年12月去的这个厂。一年之内派去了四位领导，前三位都没能待住，我这第四位也不愿意去。但当时我是青岛家电公司副经理，我不去就再没人去了。"

与此同时，张瑞敏带来了时任家电公司的普通干部杨绵绵。究其原因，杨绵绵与其他干部不太一样。学者何加盐写道："（杨绵绵）就在日常的一点一滴中显示了出来。在单位其他女同事都无所事事地聊天、织毛衣，甚至上班时间出去买菜的时候，她却捧着书本在学习。这个情景，被公司一位领导看在眼里。这位领导，就是在青岛家电公司担任副经理的张瑞敏。当时张瑞敏在公司专管技术改造，而技术改造的重点之一，就是引进国外先进技术，所以他和杨绵绵这个引进办主任有很多要打交道的地方。正是在频繁的

---

1 人民网.海尔是不是国有企业？[EB/OL].（2005-05-30）[2023-6-10].https://news.sina.com.cn/o/2005-05-30/15566029768s.shtml.

工作交流中，他看到了杨绵绵未发挥出来的潜力。"

当张瑞敏就任青岛电冰箱总厂厂长时，他便邀请杨绵绵担任副厂长兼副总工程师。[1]

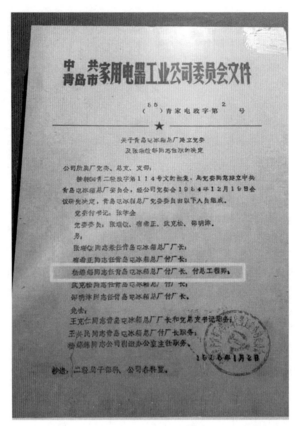

图1-3 杨绵绵的任职文件

在当时，由于无法招到大学生，张瑞敏只能提升现有职工的岗位责任意识。

其手段有两个：第一，安抚那些打报告请求调离的工人；第二，整顿该厂先前混乱无章的生产秩序，随即制定13条规章制度——青岛电冰箱总厂劳动纪律管理规定。

---

1 何加盐.海尔杨绵绵，这样的搭档，谁不想要？[EB/OL].（2021-11-09）[2023-08-22].https://www.163.com/dy/article/GOC67FOD0531KCW2.html.

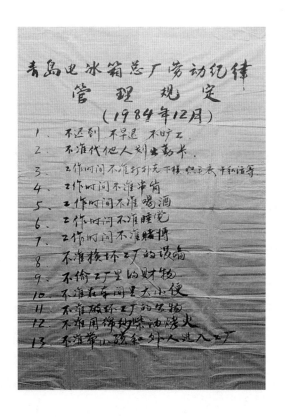

图片来源：海尔官网

图1-4 青岛电冰箱总厂劳动纪律管理规定

张瑞敏深知，要想激活员工的活力，就必须制定相关的规章制度。例如，第10条"不准在车间里大小便"。这条看似不可思议，却是一个值得重视的问题。原因是，在当时的国营工厂里，员工总是以为自己捧着"铁饭碗"，"干好干坏一个样"，随地大小便本身就是一件不被禁止，甚至司空见惯的行为。正因为如此，张瑞敏有针对性地选择这样一个点着手，然后再向工作态度和产品质量下功夫，最终这13条规定使该厂发生翻天覆地的变化。

我们今天来回顾张瑞敏当初制定的13条管理规定，不可否认这样的管理制度的确很草莽，甚至都不能称之为管理制度，但是在当时却非常管用，原因是立信比制度本身更重要。

例如，在战国时期，商鞅在秦孝公的大力支持下开启了变法。由于

第
一
章
临
危
受
命

当时处在战争频繁、人心惶惶之时，商鞅为了树立威信，以便推动自己的改革进程。于是，下令在都城南门外立一根三丈长的木头，并当众承诺："谁能把这根木头搬到北门，赏金十两。"

在布告边上围观的人群不相信把这根木头搬到北门就能得到赏金十两，结果没人愿意搬。商鞅再次发布公告，将赏金提高到五十金。正在围观人群议论纷纷之际，一个人站出来说："我来试试。"

他说完，真的把木头扛到了北门。

商鞅立即赏给搬木头的人五十金。商鞅的这一举动，在百姓心中树立起了威信，变法就很快在秦国推广开了，为统一天下打下了坚实的基础。

张瑞敏看得非常透彻，不管是多么成熟的制度，必须落实，否则就是一堆废话。当"青岛电冰箱总厂劳动纪律管理规定"贴出后，有一个职工对此置若罔闻，竟然大摇大摆地扛走了一箱工厂的原料。第二天，张瑞敏就将开除此职工的相关处罚告示贴出。

在强行推行管理规定后，在车间里大小便的问题得到彻底解决，工厂的生产环境得到很大改善，工作时间抽烟喝酒的问题也得到治理解决，迟到早退的职工也明显少了很多。张瑞敏以点治面，很快地改变了青岛电冰箱总厂的现状。

◎ 派发5斤鱼"奖金"

由于张瑞敏上任时正值中国春节前夕，这就给他提供了一个展现自己领导魅力的机会。在张瑞敏的管理手段中，一方面通过安抚和制度来提升员工的工作积极性，另一方面也通过自己的诚意来解决职工工资和奖金派发的问题。

张瑞敏此刻接手的青岛电冰箱总厂负债累累，连发工资都成问题，银行根本就不愿贷款。究其原因，青岛电冰箱总厂是一家集体所有制企业。张瑞敏说："海尔不存在像有些媒体所说的，原来是国有企业，现在又变成集体企业，这是根本不存在的事。这些人等于对中国企业的性质根本就不了解。"

集体企业和国有企业的差别还是很大的，具体体现在政府对集体企业的经营不进行干涉，同时也不提供资金援助，集体企业经营所需要的资金需要通过银行贷款等自行筹备。国有企业的利润上缴国家，集体企业的利润可以留下来再发展、再投资。

因无法向银行申请贷款，张瑞敏不得不曲线解决职工工资的问题。当他听说附近农民办乡镇企业赚了钱，张瑞敏坐在没有挡篷的三轮车车斗里，顶着寒风，连夜赶到10千米以外的大山里，向该大队队长开诚布公地说明此次来意，生产大队队长被张瑞敏的诚心所感动。

张瑞敏为了能够借到钱，甚至是喝一杯酒借1万元，就这样，张瑞敏真的把职工的工资和5斤鱼的"奖金"借回来了。当然，张瑞敏之所以能够在酒桌上让大队队长借钱，并非是因为张瑞敏能喝酒，反而平常他是滴酒不沾的。时隔多年，张瑞敏回忆说道："我当时的目标只有一个，那就是凝聚人心，让员工对企业充满信任。"

正如宋代的苏轼在《留侯论》一文中写道："古之所谓豪杰之士者，必有过人之节。人情有所不能忍者，匹夫见辱，拔剑而起，挺身而斗，此不足为勇也。天下有大勇者，卒然临之而不惊，无故加之而不怒。此其所挟持者甚大，而其志甚远也。"

海尔传

张瑞敏就是这样的大勇之人。张瑞敏喝酒借钱的事情，得到青岛市崂山区李村公社原党委书记王栋贵的证实，王栋贵回忆了当年张瑞敏向他借钱给员工发工资的情景："张瑞敏那时刚刚接手冰箱厂，厂子根本不行，人都往红星电器厂跑，留不住人。快过年了也发不出钱，他心里很着急，跑来跟我借钱，说到了年根儿得给大伙儿发点过年费啊！我跟他吃饭时，他不喝酒，我就跟他开玩笑，说你要是不喝，我就不借你钱！那次张瑞敏真被我灌醉了。他为了什么？就为了给工人发工资过年。没想到几个月后他真的把厂子给带了起来，并且很快就把钱还给了我。张瑞敏有信誉，有眼力，有水平。"[1]天道酬勤，张瑞敏的努力没有白费，过年发"奖金"的消息一石激起千层浪，很快就在厂里传开。在计划经济时代物资短缺的背景下，职工的"奖金"虽然只有5斤鱼，其价值看起来微不足道，但是却展现了张瑞敏不一样的领导思路，同时也让职工们觉察到来自新厂长的真心关怀。

一些职工说道："领导敢为大家借钱过年，咱们也要争口气，好好跟他干，挣了钱把钱还回去。"张瑞敏的做法感动了各位员工，该厂的凝聚力进而得到了加强。随后，张瑞敏开始做减法，进行战略收缩。

---

1 颜建军，胡泳.海尔中国造[M].海口：海南出版社，2001：103-104.

Haier

「海尔兄弟」

1985年，迎着改革开放的春风，中国冰箱制造商逐渐增多，由于产能不足，依旧供不应求，其中一个重要原因是冰箱等产品由国家定点生产。

据《郑州晚报》报道，时光追溯至1984年，那是关键性的一年，也就是在那一年前后，国家计划定点生产家电。1985年开始，冰箱、洗衣机、空调的生产需要有国家颁发的定点生产许可证。

一位拥有近30年家电行业从业经历的张先生介绍说："当时全国共有70多个冰箱定点生产厂家，80多个洗衣机定点生产厂家，比如北京的白兰、白菊，现在市场上还见得着的小天鹅等都是那时候的定点生产厂家。在冰箱、洗衣机等家电产品实行定点生产的同时，老百姓购买也需要凭票，整个产业处于供不应求的状况，可以说是短缺。因此，冰箱和洗衣机产业备受推崇。"

对于青岛电冰箱总厂来讲，抓住海量的市场机会就成功了一半。相较于其他电冰箱厂而言，它虽然开始的时间较晚，但是在经过张瑞敏的努力后，青岛电冰箱总厂还是成功地争取到了利勃海尔的生产线的引进。1985年2月，张瑞敏想尽各种办法，最终凑足所需的资金。其后，在短短30天内，完成了厂房改建；在60天内，引进的19条生产线也全部安装完毕；90天后，青岛电冰箱总厂的装配线上就已经源源不断地生产着全亚洲第一批四星级电冰箱。

把冰箱生产定位在四星级上，这是源于张瑞敏的战略判断。1985年，张瑞敏分析了当时的电冰箱市场，认为品种繁多，竞争较为激烈，提出了"起步晚、起点高"的原则，而且要造出全亚洲第一台四星级冰箱，以高起点竞争赢得冰箱市场。因此张瑞敏制定了海尔发展的"名牌战略"，海尔也随之创造出了一个时代神话。1986年，由于产品质量过关，海尔冰箱在北京、天津、沈阳三大城市一炮打响，甚至还出现抢购海尔冰箱的盛况。

鉴于此，青岛电冰箱总厂就将这款四星级冰箱定名为"琴岛-利勃海尔"，同时成功地设计了象征中德合作的儿童吉祥物LOGO（标志），也就是日后的知名商标——"海尔兄弟"。

图片来源：海尔官网

图2-1 琴岛—利勃海尔在登机牌上的广告

◎ 专注电冰箱生产

20世纪80年代，人们对洗衣机和冰箱的需求远远大于供给，厂家几乎不担心产品会滞销，但是张瑞敏却不这样认为。在张瑞敏看来，只有品质过硬甚至是零缺陷的产品，才能真正地得到顾客认可，否则，淘汰只是时间早晚的问题。

与此同时，随着改革开放的深入，敏锐的张瑞敏判断：冰箱产品将成为一个潜力巨大的蓝海市场。所以青岛电冰箱总厂与德国利勃海尔公司签约，成功引进了当时亚洲第一条四星级电冰箱生产线。张瑞敏决定：退出洗衣机市场，专注电冰箱生产，以有限的资源进行战略突围。1984年，青岛日用电器厂将"白鹤"牌洗衣机转交青岛红星电器厂生产，商标改为"青洋"牌。1985年1月，青岛红星电器厂同时挂青岛洗衣机厂的牌子，当年生产单缸洗衣机551台，双缸洗衣机4255台。[1] 据了解，张瑞敏之所以放弃之前四面出击的扩张战略而进行战略收缩，专注于生产电冰箱，是源于他在青岛家电公司当副经理时曾被派到德国去商务考察，当时的利勃海尔就有意向中国输出制造技术和设备。敏锐的张瑞敏自然不愿意放过此次机会，于是，张瑞敏向青岛市和轻工部多次申请引进该公司的生产技术。最终，张瑞敏的申请得到批复，青岛市和轻工部允许青岛电冰箱总厂引进利勃海尔的相关冰箱生产技术，青岛电冰箱总厂也成了轻工部确定的最后一个冰箱定点生产厂家。

赢得了相关技术的落地后，张瑞敏接下来开启了自己的企业实践之路。由于之前专管技术改造和分管冰箱技术的设备引进，张瑞敏洞察到了巨大的、潜在冰箱市场需求。

为了进一步分析当时我国冰箱的市场需求，张瑞敏还做了详细的市场调查。张瑞敏在调查中发现，虽然中国本土市场的电冰箱行业刚刚起步，电冰箱在中国家庭中的普及率也非常低，但是，改革开放后，人民的生活水平正在不断地提升，消费者对电冰箱的潜在需求巨大。

---

1 山东省情库.第三类 洗衣机[EB/OL].（2022-10-13）[2023-10-7].https://shandong-chorography.org/database/a/section/24/article/156/.

『第二章　"海尔兄弟"』

海尔传

在看到电冰箱的潜在需求后，张瑞敏果断地决定转产电冰箱，彻底地退出洗衣机市场。此刻的张瑞敏深知，要想做好电冰箱产品，就必须以高品质赢得消费者，否则就会重蹈之前洗衣机产品的覆辙。

为了打开电冰箱市场，张瑞敏通过"慎于首，首战必胜"的战略决策，研发和生产了亚洲第一台四星级电冰箱产品。从1984年到1991年的7年间，海尔一直专注从事电冰箱的研发和生产。

对此，张瑞敏在接受媒体采访时说道："当时国内已有40家电冰箱生产定点厂，产品全部为三星级以下档次的电冰箱，我们吸取上一次洗衣机项目的教训，以'产品出世即要领先，争取占据主动权'为原则，考虑到四星级电冰箱更适合中国家庭生活需要，经慎重考虑和德意志联邦共和国（The Federal Republic of Germany）利勃海尔公司签订协议，合作生产四星级高档电冰箱。这在当时中国乃至亚洲尚属第一家。"

在张瑞敏看来，海尔只有生产出高品质的电冰箱，才能赢得市场的认可。当海尔冰箱在行业中站稳脚跟后，便加大力度拓展正在崛起的中国冰箱蓝海市场。张瑞敏回忆说道："刚开始干冰箱的时候，上边就下指令说国产化率必须达到多少，还有一个量化的百分比。当时我们就想，按照这样的百分比去做，我们的质量就全完了。所以我们没有理会，90%都是国外的部件，这事是被批评了的。但我们要拼市场，并不是简单地服从上级。后来实践证明，当时很多厂在这一点上没有认识清楚。当时压力很大，如果按上边的批示办，电冰箱的质量肯定难以保证。所幸的是，正值计划经济向市场经济转轨时期，政府对企业的直接管理行为正在逐渐减弱。"

正是张瑞敏这样的产品经理式的质量思维意识，为海尔在1988年电冰箱国优评比中拿下中国电冰箱史上的第一枚金牌，打下了坚实的基础。即使在1989年波及全国的降价风潮下，海尔凭借自己的高质量产品，反而逆市涨价10个百分点，涨价后，海尔冰箱产品依旧供不应求。

究其原因，高质量的产品是赢得市场和消费者认可的关键。在2018年的全国两会上，《政府工作报告》特别强调："全面开展质量提升行动，推进与国际先进水平对标达标，弘扬工匠精神，来一场中国制造的品质革命。"以此提升中国产品在国际上的竞争力。

在这场品质革命中，作为改革践行者的海尔，无论是"中国制造"，还是"品质革命"，一直在引领产品质量管理的潮头，同时也是该理念的践行标杆。20世纪80年代，从联邦德国考察归来的张瑞敏已经意识到，做优质的产品才是企业赢得竞争的关键。这也是张瑞敏在1985年"砸冰箱"的内在动因。[1]电影《首席执行官》就以张瑞敏为原型对此进行了相关的解读："在市场的巨大压力下，上级要求凌敏加大产量，习惯于小农生产的员工们，也对严格的质量标准不以为然。尽管凌敏坚持对员工进行技术培训，仓库里还是出现了七十六台不合格品，凌敏被激怒了，他毅然将这些冰箱全部砸毁。"

事隔多年后，当张瑞敏被问起1985年怒砸冰箱时的动机，张瑞敏说道："1984年我到西德考察，当地产品精湛的工艺给了我极大的冲击，我问自己：'我们中国人并不比德国人笨，难道我们就不能做得和他们一样吗？'"

我们回顾海尔的发展历史时发现，其实早在"砸冰箱"之前，张瑞敏就已经在探索如何进行质量管理了。多年前，作为海尔集团首席执行官的张瑞敏在纪录片《青岛制造》中说道："谈起青岛制造就无法绕开德国，也无法绕开百年前那段屈辱的历史。最近，德国一位记者采访我时还提起，青岛曾被德国强占过，是否介意交流这个话题。我告诉他，历史毕竟是历史，况且，在很多民族繁衍生息的历史长河中都曾有过不堪回首的往事。今天，'德国制造'已俨若高精尖的代名词和德意志钢铁精神的标志。"

然而，在100多年前，如今被誉为世界工业标杆的"德国制造"曾是屈辱的标签。张瑞敏直言："1871年德国统一时，世界市场几乎已被列强瓜分完毕。处于夹缝中的德国，大肆仿造英法美等国的产品，并依靠廉价销售冲击市场。美国人甚至给德国制造产品扣上了'厚颜无耻'的帽子。1887年8月23日，英国议会通过了侮辱性的商标法案，规定所有从德国进口的产品必须注明'德国制造'（Made in Germany），以此判别劣质的德国货与优质的英国产品。但仅仅过了十年，英国殖民大臣张伯伦（Joseph Chamberlain）在

---

1 丁少将.打造物联网时代生态品牌[J].现代企业文化（上旬），2018（08）：36-37.

他的考察报告中就坦承'德国制造'让英国产品相形见绌。"

中国政府为了提升企业的竞争力，特此批准从海外引进先进的技术，青岛电冰箱总厂也在引进国外的先进冰箱生产技术和设备的行列中。在奔赴联邦德国的考察中，了解到联邦德国利勃海尔有意向向中国转让其技术，当时的轻工部相关领导就把联邦德国利勃海尔推荐给了青岛电冰箱总厂。

其后，双方经过了一系列的洽谈。张瑞敏在与联邦德国利勃海尔的合作过程中，德国人的态度和标准让张瑞敏印象深刻。

在初期谈判中，德国人对谈判的态度十分傲慢，对出售技术的价格丝毫没有退让的空间，甚至称，"如果要便宜货可以买其他国家的，我们德国人要么不干，要干就一定是世界一流的"。

不久后，张瑞敏觉察到，德国人的傲慢和自信并不是没有原因，而是其自身对品质的坚守。1985年，海尔当众砸毁76台不合格的冰箱后，张瑞敏就提出，"要么不干，要干就要争第一"。正是这样的转变，开启了海尔创立名牌的序幕。

除了态度之外，德国人的标准也给张瑞敏留下极深的印象。德国很早就注重质量标准的制定，尤其是在"德国制造"一词产生后，德国对标准的构筑愈发重视，成立专门的标准制定机构，几乎涉及所有领域，每年发布上千个行业标准。[1]在德国考察期间，张瑞敏就曾问与德国合作方面陪同人员："德国什么都有标准吗？"

"都有!"德国人很自信地回答。

由于当时天空正下雨，张瑞敏近乎抬杠地问道："下雨也有标准吗？"

德国人回答称，下雨虽然没有标准，但是下到地上就有标准了。陪同人员指着地上古力盖的德国国家标准（Deutschen Industrie Normen，简称DIN）回答。

在海尔引进联邦德国利勃海尔冰箱技术时，中国还没有出台相关的冰箱标准，而德国利勃海尔的冰箱标准竟然多达1942条。对于这些冰箱标准，海尔如获至宝。

---

1 张瑞敏.精神的力量[J].商周刊，2014（05）：18-20.

张瑞敏为了让这些冰箱标准落地，特此委派相关人员学习和消化。张瑞敏说道："当时我们派去德国学习的人员由杨绵绵总裁带队。杨总和团队成员夜以继日翻译整理技术文件和标准，把德国人的冰箱标准完全转化过来。当时，中国共有三家企业引进德国利勃海尔技术，另一家企业和我们同时去德国学习，他们往往是去了以后和当地陪同人员兑换点马克就去观光了。所以，德国人看到海尔去的人连周末都不休息，还每天加班到很晚，他们感慨地说：'你们是一群不一样的中国人'。"

对于此次奔赴德国培训，学者何加盐写道："1985年，联邦德国利勃海尔的设备和技术引进协议开始生效，青岛电冰箱总厂派员到联邦德国学习，杨绵绵是带队领导。与他们同时去联邦德国的，还有国内两个兄弟单位的人。当时出国一趟不容易，所以大家出去之后，都会花很多时间去游玩、购物。但是杨绵绵带着青岛电冰箱总厂的人，认认真真学习、整理资料，每天学到12点甚至凌晨2点，连周六日都不放过。"[1] 许多年后，当年去参加培训的另外两家公司，一家已经消失了，一家则被海尔兼并。[2]对此，张瑞敏常讲："不管有多么好的设备，多么好的资产，都不可能增值，唯一可以增值的就是人。如果把人的素质提高了，企业就可以增值。"

在张瑞敏看来，这两件事情分别关乎标准和态度。如果说有差距，这就是差距。正因为如此，才为海尔后来获得金牌打下基础。据海尔官网介绍，1988年，海尔冰箱在全国冰箱评比中，以最高分获得中国电冰箱史上的第一枚金牌，从此奠定了海尔冰箱在中国电冰箱行业的领头地位，拿到"金奖"的张瑞敏兴奋地将奖牌高高举过头顶的镜头，也定格为历史的经典。[3]

---

1 何加盐.海尔杨绵绵，这样的搭档，谁不想要？[EB/OL].（2021-11-09）[2023-08-22].https://www.163.com/dy/article/G0C67F0D0531KCW2.html.

2 任俊峰.张瑞敏：从砸冰箱到"砸组织" 他让海尔勇立时代潮头[EB/OL].（2018-04-02）[2023-9-02]. http://news.qingdaonews.com/qingdao/2018-04/02/content_20116061.htm.

3 海尔集团官网.发展历程[EB/OL].（2023-01-01）[2023-09-09]. https://www.haier.com/about-haier/history/.

图片来源：海尔官网

图2-2 张瑞敏厂长领奖归来

◎ "名牌战略"

　　1985年，张瑞敏以产品质量为突破点，提升海尔的品牌知名度，由此制定了海尔发展的"名牌战略"。与此同时，海尔几乎同步展开设计企业视觉形象识别。为了体现出与德国利勃海尔的合作，将冰箱产品的名称定为"琴岛-利勃海尔"。图形标志，以德方标志为基础，经加笔画而成，当时从适合国情的冰箱装饰考虑，成功地设计了象征中德合作的两个儿童吉祥物图案。这些视觉形象及名称，称为企业第一代识别。[1]此后，随着海尔国际化，经过了多次修改，最终完成海尔企业视觉形象识别系统的进化和完善。不可否认的是，企业视觉形象识别系统（Visual Identity，简称VI）的广泛推广，提升了海尔品牌的知名度和客户的忠诚度。

　　众所周知，一个国家的制造业水平折射的是一个民族的精神，张瑞敏在接受媒体采访时说道："创业就如同爬雪山，如果你坚持住，便可到达成功的顶峰。但一停下就会窒息倒下。如果你真想休息一下，就会被市场所淘汰。我们只有创业，没有守业；不可能守，你也守不住。"

　　为了提升产品竞争力，张瑞敏曾亲赴德国商务考察。在考察期间的某个夜晚，正好赶上德国当地的一个盛大节日。在德国人的陪同下，张瑞敏观看了整个夜空中绚丽灿烂的烟花。德国人指着烟花向张瑞敏赞许地说道："这是从中国进口的烟花。中国的工业落后，但你们祖先的四大发明非常棒！"

　　在一旁的张瑞敏听了这一席话，心中百感交集，惴惴不安地自问道："难道我们只能躺在祖先的功绩簿上坐享其成吗？"

　　不服输的张瑞敏下定决心："中国一定要有属于自己的世界名牌。"强烈的责任心和使命感冲击着在异国他乡的张瑞敏。也就是从那一刻起，张瑞敏想要打造的，不再是一种单纯的技术或产品，而是一个熠熠生辉的中国民族工业品牌。

---

1 刘家寿. 走向世界的中国品牌[J]. 决策与信息，2001（08）：11-13.

海
尔
传

张瑞敏也清楚，在当时的条件下，打造中国民族工业品牌需要一步一步地来，而非一蹴而就。鉴于此，在品牌的打造阶段，张瑞敏就开始在品牌名称和商标上下功夫了。可以毫不夸张地说，海尔商标的演变，是中国企业国际化的一段缩影。张瑞敏书写的海尔故事，同样是一部中国企业商标创业史。

1985年，青岛电冰箱总厂虽然尚在起步阶段，不过却从德国利勃海尔公司引进了先进电冰箱生产技术和设备。按照双方签订的合同约定，同时也为了体现双方的公平合作，青岛电冰箱总厂可以在德国商标上加注位于青岛的生产厂址。于是青岛电冰箱总厂把引进的"琴岛-利勃海尔"设计为商标，之所以用琴岛，是因为这是青岛的别称。

在20世纪80年代，这样的品牌视觉设计，已经开了中国企业的先河。其后，通过广告等形式的宣传和传播，让消费者记住了海尔的商标视觉识别，同时对销售冰箱起到了巨大的作用。到了20世纪80年代末、90年代初，"琴岛-利勃海尔"冰箱已经走进中国千家万户，成为中国制造的代名词。

随着青岛电冰箱总厂产品的畅销，尤其是出口数量的不断增加，使用"琴岛-利勃海尔"商标识别标志的弊端开始显现。究其原因，企业标志与德国利勃海尔的商标近似，非常不利于国际市场的拓展，同时作为品牌商标的"琴岛-利勃海尔"与"青岛电冰箱总厂"的企业名称不统一，这更加不利于顾客对冰箱产品商标的识别。

1991年，青岛电冰箱总厂领导层决定，将企业名称变更为"青岛琴岛海尔集团公司"，把产品商标也改为"琴岛海尔"。

此外，为了实现企业名称与产品商标的有机统一，还导入了企业形象设计系统，推出以"大海上冉冉升起的太阳"作为新标识，同时把中英文组合标志的"琴岛海尔""海尔蓝"作为企业专用颜色，形成了海尔集团最初企业视觉形象识别的雏形。

随着海尔的高速发展，海尔在多元化和国际化市场的拓展已经势在必行。在这样的趋势下，海尔企业视觉形象识别系统虽然强化了消费者对海尔企业和商标视觉系统的认知，但是却出现设计不够凝练，工业感、科技感不强等问题。即原有的企业识别标志已不能适应海尔高速扩张的势头，这就迫切需要更为超前的企业视觉形象识别系统和品牌定位。

为了更好地区别利勃海尔，同时也为了更好地拓展国际化市场，1991年12月20日，决策层将企业名称改为"海尔集团"，同时将产品品牌与集团名称都过渡到中文"海尔"，真正地开始了自己的品牌之旅。

为了更好地被海外顾客识别，1993年5月，海尔决定废除第二代视觉形象识别系统的中文标志，企业名称简化为"海尔集团"，将"Haier"作为企业的主识别文字标志，同时统一了商标标志、企业简称。"Haier"作为企业的视觉形象识别，其简洁、稳重、大气符合当时的设计理念。

海尔在视觉形象识别的设计理念上尽可能地追求简洁、稳重、大气、信赖感及国际化。当然，为了更好地推广"Haier"的视觉形象识别，海尔集团以中文"海尔"、海尔吉祥物图和"Haier海尔"组合设计为辅助推广手段，力求建立长期稳定的视觉符号形象。这种抛开具体图形符号标志，追求高度简洁的超前做法，顺应了世界流行的设计趋势，为企业国际化奠定了形象基础。在此基础上，海尔集团把企业识别系统看作一个过程而非一种表现形式，在企业发展中以务实的态度不断完善企业视觉识别各要素，经过不断改进加以完善。[1]

回顾海尔企业视觉形象识别的变化不难看出，从最初的"琴岛–利勃海尔"，到"琴岛海尔"，再到"海尔"，都是从市场需求出发的，即海尔商标的变化见证了张瑞敏在海尔自身品牌形象塑造、逐步走向国际化品牌的不同阶段和自身的发展历程。它后来一次次更名，最后定名为"海尔"，都可以从这里找到衍变的痕迹。[2]

1 李青.地域性文创产品品牌符号设计[D].湖北工业大学，2016.
2 吴晓波.激荡三十年（中国企业1978–2008）[M].北京：中信出版社，2007.

第三章

砸毁76台问题冰箱

Haier

1988年，在中国冰箱质量评比中，凭借过硬的品质，海尔冰箱以最高分获得中国电冰箱史上首枚金牌。然而，三年前的海尔冰箱却是另外一个样子。1985年，张瑞敏从收到的顾客来信中得知，海尔冰箱存在问题。随后，张瑞敏排查库存，发现了76台存在问题的冰箱。

　　全面地贯彻质量管理理念是为了消除产品质量隐患，更为重要的，是唤醒员工的零缺陷质量意识。张瑞敏回忆说道："1985年，有用户反映我们工厂生产的冰箱存在质量问题。我带人突击检查仓库，发现了76台有质量问题的冰箱。当时有人提议将这些冰箱低价卖给厂内员工，考虑再三，我仍旧决定——砸，而且是谁生产的谁来砸！于是我召集各部门开现场会，当着全厂职工的面，用一把大锤把那76台冰箱全部砸毁。当时物资紧缺，一台售价800多元的冰箱相当于一个工人两年多的工资，76台冰箱不是一个小数目。我之所以砸冰箱，其实不是为了砸冰箱，而是为了让员工树立'有缺陷的产品就是废品'的观念，如果我当时要是允许把这76台冰箱卖了，其实就等于允许他们明天再生产760台这样的冰箱出来。"[1]"砸冰箱"事件，敲响了海尔强化质量观念的警钟，从此也奠定了海尔冰箱在中国电冰箱行业中的地位。

1　敏娴."改革先锋"张瑞敏：只有不断创业　才能无愧时代[EB/OL].（2018-12-22）[2023-09-25]. http://news.china.com.cn/2018-12/22/content_74302981.htm.

海尔传

◎ "有缺陷的产品，就是废品"

"有缺陷的产品，就是废品！"对于产品质量，张瑞敏以自己的行动，旗帜鲜明地表明了自己的态度。正是张瑞敏推行的零缺陷质量思维，掀起了一场中国质量管理的变革。张瑞敏之所以推行零缺陷产品，是因为质量是海尔这家企业的生命。这在20世纪80年代，无疑拉开了零缺陷产品质量管理的序幕。

在张瑞敏看来，既然生产出有缺陷的产品，就必须砸掉，因为那是废品。既然是废品，就没有必要生产。从这个角度来讲，只有杜绝产品生产出来就能出厂的做法，才能真正地确保产品的高质量。而与中国的诸多家冰箱企业进行竞争，并在竞争中胜出，前提就是质量。一旦冰箱产品存在问题，就意味着没有生命力，海尔也就无法生存和发展。

之所以存在大量的问题产品，与当时的大环境有关。20世纪80年代，中国企业的活力被激发出来，尤其是一大批由农民、教授、科学家、下海公职人员等组成的企业家队伍登上中国现代商业史的舞台，遍地都是机会，供需不平衡，只要有商品，基本就能够销售出去，在这样的社会环境下，追求质量管理似乎有点多此一举。即使到了20世纪90年代初，产品的质量问题依旧层出不穷。

在《文摘报》上，就刊载了时任浙江省人民政府省长柴松岳的一篇自述文章，柴松岳是这样介绍的："20世纪90年代初，温州生产的假冒伪劣产品是全国有名的，温州的皮鞋只能穿一个星期。有一年6月，我在温州市委副书记陪同下到苍南检查工作，晚上住在县委招待所，他看到我的皮带都钩破了，就说：'柴省长啊，你怎么这么艰苦啊，你去买一根新的嘛，我们这里的牛皮皮带很便宜的。'我说好的，吃完饭后就到苍南市场。"

柴松岳来到苍南市场，皮带款式非常多，也很漂亮。柴松岳拿起一条皮带询问老板："是真皮还是假皮？听说你们温州有假皮！"老板回答说："同志你不好弄错哦，这个是真皮啊！"得到是真皮的回答后，柴松岳询问价格："多少钱一条？"他说："5块钱。"柴松岳有点疑惑，5块钱能够购买到真皮的吗？便再次询问老板："5块钱一条是真皮啊？那也不会是牛皮吧？"他说："真皮！真牛皮！"柴松岳再反问："猪皮吧？"他说："绝对不是猪皮，是我们温州大批量生产的真牛皮！"柴松岳只好问随行的副书记，副书记说他们一般不会乱讲的。[1]在反复确认是真牛皮后，柴松岳购买了一条。

同年8月，柴松岳和浙江省财政厅、交通厅两位女副厅长到北京出差，住在浙江驻京办。由于天气很热，工作人员打开房间里的空调。柴松岳刚聊了两句，一个喷嚏就把皮带崩断了。柴松岳写道："又不好意思对两位女同志说，于是就捂着肚子往里间走去。她们大概以为我拉肚子了。我把皮带拉出来一看，里面是一层马粪纸，外面用破布包起来，再用胶水粘起来，最后用塑料压起来，看起来像真皮的。当时没办法了，还好阳台上有一条晒衣服的塑料绳，就解下来权当腰带。"

柴松岳在全省打假会上讲述了自己的遭遇，随后，温州举行了全市大动员，在杭州武林广场上一把火烧掉了一大批劣质的鞋、皮带、眼镜。

从柴松岳的自述足以看到20世纪90年代初的中国企业产品质量管理问题的状况，更何况是在20世纪80年代。20世纪80年代导致产品质量参差不齐的原因有：第一，中国企业根本就不重视质量管理。第二，中国物资匮乏，质量问题往往容易受到忽视。第三，缺乏产品质量意识。在当时，中国企业针对产品质量的标准，通常是一等品、二等品、三等品、等外品，甚至还有处理品几类。按照这样的产品等级标准，生产的产品只要还能转、还能用，依旧可以投放市场。正是因为这样的产品等级标准，导致当时的工人们没有任何的产品质量意识。

1985年，青岛电冰箱总厂刚转产电冰箱。在当时看到电冰箱潜在需求的并非只有张瑞敏，海尔仅仅是轻工部批准的最后一家电冰箱定点厂家。

面对激烈的竞争形势，当时的海尔，无论在规模上，还是品牌方面，其优势并不明显，如何才能在电冰箱市场上争得一席之地的难题就摆在刚上任的张瑞敏面前。

经过慎重思考，张瑞敏决定从产品质量入手。引发此次产品质量管理

1 柴松岳.副省长打喷嚏绷断皮带[N].文摘报，2018-12-25（05）.

的是一封消费者的来信。1985年，张瑞敏上任厂长不久之后，竟然收到一封消费者写给厂长的信。信中说，该消费者要买一台冰箱，结果挑了很多台冰箱都存在质量问题，最后，不得已才勉强购买了一台。

张瑞敏全部检查了一遍库房里的400多台冰箱之后，竟然发现有76台冰箱存在不同程度的问题，不合格率达到19%。

图片来源：海尔官网

图3-1 1985年海尔砸毁76台不合格电冰箱的场景

之所以出现缺陷产品，是因为责任心和生产技能不够。正如质量管理专家菲利浦·克劳士比（Philip Crosby）所说："酿成错误的因素有两种，缺乏知识和漫不经心（责任心）。"

为了树立"有缺陷的产品就是废品"的质量管理思维，张瑞敏决定砸掉当时库房中的76台有瑕疵的冰箱，同时也向职工宣誓，绝对不能生产缺陷产品。

在砸掉之前，张瑞敏吩咐，在每一台瑕疵冰箱上贴上详细的缺陷问题、流程管理中的职工姓名。尽管这76台有不同程度缺陷的冰箱可以使用，但是张瑞敏却当作等外品直接处理了。

此外，张瑞敏还让职工讨论此次砸冰箱的实质性问题。在讨论中，绝大多数职工认为，既然这76台有不同程度缺陷的冰箱可以使用，为了达到惩罚这些职工的目的，是不是可以降价销售给生产这些冰箱的职工。

张瑞敏当然不接受这样的建议。张瑞敏坦言："如果这样处理，明天就可能再出现760台、7600台，开了这样一个口子，永远会有不合格冰箱生产出来。"正因为如此，张瑞敏向参加大讨论的职工们宣布，销毁这些不合格冰箱产品，谁生产的，就由谁来负责砸掉。

张瑞敏的决定如同一枚重磅炸弹，冲击了职工们的传统僵化观念，从情感上接受不了。在如此经营困难的背景下，工资和"奖金"（5斤鱼）都是借回来的。在这些职工看来，只要降价处理这些冰箱，起码还能变现一部分钱回来。

作为厂长的张瑞敏，自然是可以理解职工立场的，不过，要想转变职工的产品质量观念，这样壮士断腕的态度就势在必行，否则，还会有成千上万台问题冰箱被生产出来。

当职工们含泪看着张瑞敏带头砸向自己生产的、有缺陷的76台冰箱后，受到了极大震撼和冲击，对"有缺陷的产品就是废品"有了更加深刻的感悟和认知，同时也对"质量就是饭碗"有了更深的理解。

多年后，张瑞敏回忆当年的砸冰箱事件说道："我首先要求所有的人都来参观，然后要求谁做的这个冰箱谁自己把它砸了。许多老工人都流泪了，因为那时候，工人都开不出工资。我到这个工厂来时，一开始的几个月，都是到农村生产大队去借钱。借到第四个月份，人家怎样也不肯借给我们了。就在这种情况下，我说即使我们明天没有钱也必须把它们砸了，因为如果我们放行了这些产品，就是放松了质量意识。"

此刻的张瑞敏，并没有把企业管理仅仅停留在"对责任人进行经济惩罚这一传统手段上"，而是充分地利用此次砸冰箱事件，将"有缺陷的产品就是废品"的质量管理渗透到每一位职工的血液中，再将其外化为制度，构造成为其质量管理的机制。

在此后的一个多月时间里，张瑞敏再次组织和主持了一个又一个有关"有缺陷的产品就是废品"的产品质量会议。会议的主题集中在如下几点：

海
尔
传

"我这个岗位有质量隐患吗？

我的工作会对质量造成什么影响吗？

我的工作会影响谁？谁的工作会影响我？

从我做起，从现在做起，应该如何提高质量？"

在多轮讨论中，职工们互相启发，相互提醒。经过此阶段的大讨论后，"零缺陷"的产品质量观念得到广泛的认同，尤其是经过深刻的内省与反思后，"有缺陷的产品就是废品"的质量管理思维得到落地。

基于此，张瑞敏认为，只有改变职工的质量管理意识，才能彻底地解决产品质量问题，否则仅仅靠事后检验是不可能彻底地提高产品质量的。与张瑞敏砸冰箱类似的是，在浙江杭州，一群温州商人也开始了自己的产品质量拯救之路。在一个电视节目上，奥康集团创始人王振滔是这样讲述的：

1987年8月8日，杭州武林门火烧"温州鞋"，趁这个机会我们就开始做鞋。别人为什么不做？因为温州的名气很臭，全国各地商场还挂了个牌子：此地没有温州货。当时真的很伤心，我出去的时候，感觉脸上贴了个东西。别人一看，哎，你是温州人。

我说你怎么看出来的？他说我看你的装扮就知道你是温州人。当时"温州"两个字是很难听的，所以在当时的情况下，别人不做鞋的时候我开始做鞋。对吧，这是一个。三十年河东，三十年河西，十二年后有自己的品牌。

当时有三个鞋王：奥康、康奈、吉尔达。温州市政府为了展示自己的成果，在杭州武林门搞了一场展示会。所以当时我有个想法，别人烧我们的鞋，我们这次为什么不烧别人的呢？

我们把当时这个创意给到浙江卫视的一个新闻部主任，当天晚上他就飞过来了。他说，王总，你这个创意很好。所以你想一想，当时我就花很少的钱，做了一次广告。温州电视台给我们免费做了一年的广告，他说你是温州的英雄。

可以肯定地说，在杭州武林门主动焚烧温州假冒伪劣皮鞋的一把大火，一度把温州产品钉在耻辱柱上。其后，温州商人们开始痛定思痛，拉开重建信用之路。在两次"烧鞋事件"发生后，温州商人长达十几年的产品质量提升之路也由此开始。

◎ 海尔产品质量管理的三个阶段

除了强化"有缺陷的产品就是废品"的质量管理意识，张瑞敏还在每一条生产流水线的最终端安排一个质检人员，有效保证生产"零缺陷"产品。当流水线生产的产品经过各个工序时，相关的质检人员会检查上一个工序存在的缺陷。其后，相关的质检人员及时地将其记录在一张缺陷条上。

质检人员的任务就是负责把这些产品缺陷处理好并记录所用时间。根据这些记录，来兑现质检人员的相关工资。当产品合格率超过相关规定时，质检人员还有一份奖金。这就意味着，产品合格率越高，质检人员的奖金就越多，保证了"零缺陷"相关制度得到执行。

张瑞敏介绍说道："海尔发展是靠质量起家的，从原来一个资不抵债的小厂到现在一个国际化的大公司，在质量管理方面我们主要经历了三个阶段。"

第一阶段（1984–1988年）。海尔从狭义的"质量"意识转变为广义的"质量"意识。张瑞敏介绍，狭义的"质量"就是产品达到质量检验的标准，广义的"质量"是达到用户的要求。没有狭义的"质量"就没有广义的"质量"，也就是说狭义的"质量"是质量管理必不可少的条件，广义的"质量"是狭义的"质量"的充分条件。张瑞敏说道："我们就是先达到狭义的'质量'，以砸冰箱为标志，砸冰箱砸出的就是必须符合检验的标准。从1984年到1988年，4年时间我们达到了质量检验的标准，直至获得中国冰箱史上第一块金牌。从1988年到1989年，中国市场出现了较大的滑坡，那时候我们有了狭义的质量做基础，进入广义的质量，就可以更多地去研究市场，满足用户的需求。"

在质量体系发展中，临危受命的张瑞敏虽然重视产品质量问题，但是必须一步一步保证产品质量后，才能完成其后的服务阶段。张瑞敏意识到，要想提升产品的质量，就必须唤起职工的产品"零缺陷"质量意识。张瑞敏销毁缺陷冰箱产品，成为中国最大的家电公司的第一个传奇，它跟几年前（1980年）鲁冠球把40多万元的次品当废品卖掉的故事如出一辙，这说明诞生于商品短缺时期的第一代企业家的自我蜕变正是从质量意识的觉醒开始的。[1]当遇到不合格产品时，谭木匠创始人谭传华的做法也类似。在接受《中国经济时报》采访时，谭传华做了如下回答。

《中国经济时报》：我知道您的家人、朋友都称您"木匠"，您也是一直把自己当成手艺人，您怎么理解工匠精神？

谭传华：我们这些与木头打交道的手艺人整天忙于手艺，在接受采访前对"哪种精神"都无意识，不过我个人理解，所谓的"工匠精神"，在谭木匠只是一种职业素养：最重要的是手艺。钱很重要，但手艺做不好，内心会很不安。20多年前，在猪圈里诞生了谭木匠，在刚刚打开市场、资金还很艰难的情况下，毅然含泪一把火烧掉了15万把自检质量不过关的梳子。这20多年来，我们也是一直坚持把手艺做好，正是这样的坚持滋养了谭木匠的气质。这种"不安"，也不是谭木匠独有的，只是在眼下的时代，它显得太稀有了。[2]

在中国企业界，老干妈创始人陶华碧对于品质的追求近乎极致。有一次，由于老干妈辣椒酱供不应求，很快就销售断货。在急需豆豉原料的情况下，陶华碧打电话给重庆的一家豆豉酿造厂，让其尽快运送10多吨豆豉到贵阳。由于是"等米下锅"，检验员收货时没有像平时检查得那么仔细，结果是供货商运送的豆豉，把质量好的部分摆放在最外层，里层的豆豉竟然都"馊"了。

按照某些企业不负责任的做法，把这批豆豉经过特殊处理后，仍然可以使用，但是口感会差一些。陶华碧发现问题原料后，坚持退货，绝不能糊弄消费者，导致老干妈原料短缺而被迫停产两天，造成巨大的经济损失。

又如，2001年，有一家玻璃制品厂给老干妈公司提供了800件（每件32瓶）玻璃瓶。老干妈公司装上辣椒酱刚铺货到经销商处，就有客户反映：

1 吴晓波.激荡三十年（中国企业1978-2008）[M].北京：中信出版社，2007.
2 范嫒.寻找失传的"工匠精神"[N].中国经济时报，2016-04-11.

"有的瓶子封口不严，有往外漏油现象。"

作为老干妈最高决策者的陶华碧，知道此件事情后，十分清楚问题的严重性，第一时间要求公司迅速查清此事。相关管理人员向陶华碧建议说："可能只是个别瓶子封口不严，把这批货追回重新封口就行了，不然损失就太大了，这可是800件货呀！"

陶华碧当即否定了相关管理人员的意见，坚决地说："不行！这事关公司的信誉！马上派人到各地追回这批货，全部当众销毁，一瓶也不能漏掉！损失再大，也没有比在市场上失信的损失大！"

在海尔，面对屡屡不合格的产品，张瑞敏反思说："过去大家没有质量意识，所以出了这起质量事故。这是我的责任。这次我的工资全部扣掉，一分不拿。今后再出现质量问题就是你们的责任，谁出质量问题就扣谁的工资。"

1999年9月28日，张瑞敏在"财富"论坛上说道："这把大铁锤为海尔今天走向世界是立了大功的。……海尔砸冰箱这个举动，可以说在中国的企业改革当中等同于福特汽车流水线的改革。"

事实上，"'张瑞敏砸冰箱'成为这家日后中国最大的家电公司的第一个传奇……三年后，该厂产品在全国评比中获得国家质量金奖，海尔冰箱在电冰箱行业取得中国第一枚质量金牌。此后的十余年，是海尔高速成长的黄金时期，张瑞敏通过引进欧洲的生产技术及日本的精细化管理模式，迅速实现了产量与质量的双重跃进。1994年，也就是在他创业的第十年，海尔冰箱产销量跃居全国第一。"[1]自此，"质量"两个字植入员工心中。

在这个故事中，张瑞敏没有用深奥的西方管理理论，也没有用"让人厌恶的大道理"，而是用一个行动——"谁制造不合格产品，谁就来砸"，解决了冰箱不合格的质量问题，同时也解决了曾经让管理者困惑的管理问题。

第二阶段，海尔从国内市场管理观念发展到国际市场管理观念的阶段。1989年以后，海尔确立了中国本土市场的管理观念。海尔在保证质量

---

1 江寒秋.张瑞敏："中国制造"的思想史[J].齐鲁周刊，2014（37）：31.

的基础上，研究顾客的相关需求，由此更多地把服务质量当成质量管理的一部分，在中国本土市场建立了售前、售中、售后服务体系。

随着海尔产品的出口销售，海尔从中国本土市场质量管理观念发展到国际市场质量管理观念。对此，张瑞敏说道："我们主要做了两点：一是整合全球的资源来解决质量问题，即五个全球化：全球化的采购、全球化的设计、全球化的制造、全球化的营销、全球化的资本运作；二是在新经济下，像波特所说的原来的价值链被解体了，原因就在于你不可能使每一个步骤都增值，如果做得不如别人，就可以利用外部资源。"

第三阶段，从体系上的质保到市场链的质保。张瑞敏介绍说道："我们比较早地达到了ISO9001体系。ISO9001体系更多的是强调职能管理，更多是静态地保证质量；现在的市场变化太快，组织结构不能停留在职能式的管理，因为它没法对市场快速作出反应。但是ISO9001体系是基础，没有这个基础不行。在体系质保的基础上，我们发展到了市场链的质保。主要是把外部市场内部化，内部员工与员工之间的关系是市场的关系，人人都有一个市场，人人都是一个市场，通过这种相互的强化和相互之间的制约，使每个人都能跟着市场来创新，最终使每一个员工都能通过创新满足市场的个性化需求。"

在海尔，经过"砸冰箱"事件，海尔生产高品质的冰箱产品已经成为消费者的共识，不仅如此，海尔职工内生的质量控制系统已经建立，从而让海尔在冰箱行业占据了不可撼动的绝对领导地位。

此后，张瑞敏继续抓全面质量管理，在同行业企业超规模生产、向彩电等暴利行业转型时，张瑞敏依旧深耕冰箱行业。时隔多年，面对媒体的采访，张瑞敏意味深长地说道："现在想砸也不可能了，如果再出质量问题，不是那么少一点，当时只有几十台，现在动辄就是几万台啊。"

正是这样的危机意识，彻底地让海尔脱颖而出，否则，海尔可能被时代所淘汰。事实证明，谁能在残酷的市场丛林中活下来？唯有惶者。这样的命题已经被企业家们证明了无数次。企业家们相信，唯一能够确定的，就是未来的不确定性。正如被誉为"现代管理学之父"的彼得·德鲁克（Peter F.Drucker）所言："在动荡的时代，动荡本身并不可怕，可怕的是

延续过去的逻辑。"

无独有偶。曾有人建议任正非：华为应建一个企业博物馆，把从第一代小交换机开始的产品等都放里面。任正非没有同意，他说："一个高科技企业，绝不能对历史怀旧，绝不能躺在过去的功劳簿里，那样就很危险了。"

2001年3月，任正非在华为的内刊上发表了一篇名为《华为的冬天》的文章，给"直把杭州作汴州"的华为人泼下一盆冷水。在文中，任正非写道："公司所有员工是否考虑过，如果有一天，公司销售额下滑、利润下滑甚至会破产，我们怎么办？居安思危，不是危言耸听。十年来我天天思考的都是失败，对成功视而不见，也没有什么荣誉感、自豪感，只有危机感。也许是这样才存活了十年。我们大家要一起来想，怎样才能活下去，也许才能存活得久一些。失败这一天是一定会到来，大家要准备迎接，这是我从不动摇的看法，这是历史规律。目前情况下，我认为我们公司从上到下，还没有真正认识到危机，那么当危机来临的时刻，我们可能是措手不及的。我们是不是已经麻木，是不是头脑里已经没有危机这根弦了，是不是已经没有自我批判能力或者已经很少了。那么，如果四面出现危机时，我们可能是真没有办法了。如果我们现在不能研究出现危机时的应对方法和措施来，我们就不可能持续活下去。"

这样的开篇，让中国诸多的企业家目瞪口呆，以至于有人质疑任正非撰写此文的真正"动机"：有人认为这是任正非为IT行业敲响的警钟，也有人说任正非是"作秀"，还有人猜测是华为在为人事变动制造舆论。[1]不管如何，时至今日，"动机论"已经成为如烟过往，无人再提及。但是《华为的冬天》这篇力透纸背的文字棒喝了正在陷入沾沾自喜的、业绩沉醉的华为人，既是召唤华为人需要再接再厉，也给通信行业敲响了警钟，毕竟互联网大泡沫破裂即将影响通信行业，只不过需要时间而已，这样的滞后效应已经箭在弦上。

任正非写道："网络股的暴跌，必将对两三年后的建设预期产生影响，那时制造业就惯性进入了收缩。眼前的繁荣是前几年网络股大涨的惯

---

1 任正非. 华为的冬天[J]. 新西部，2001（09）：51-54.

性结果。记住一句话：'物极必反'，这一场网络设备供应的冬天，也会像它热得人们不理解一样，冷得出奇。没有预见，没有预防，就会冻死。那时，谁有棉衣，谁就活下来了。"[1]接下来的危机印证了任正非对行业危机预言的深远洞见，《华为的冬天》也由此广为流传，"冬天"超越季节，成为危机的代名词。

与华为类似，在海尔，张瑞敏也在战战兢兢、如履薄冰中进行自身的变革和改造。几个月后，青岛电冰箱总厂起死回生，生产冰箱当年即实现利润248万元。1986年在引进生产线投产后，创工业产值7648万元，实现利税1083万元，创汇300多万美元。第三年产值突破1.45亿元，创汇1200万美元；第四年产值再破2.5亿元，创汇2000万美元。[2]

之所以能够取得如此业绩，还是源于张瑞敏对产品质量的重视，虽然没有任何前人成功的经验可资借鉴，但是他坚守品质和敢于尝试，不断地"否定和自我否定"，使海尔由此走出当初的困局。张瑞敏说道："搞企业，如果悟不出来，没用；别人告诉你也没用。张瑞敏不是神，也是人，也要犯错误。我时时刻刻在琢磨。别人看着我们很风光，但是我们自己知道，和索尼、通用这样的巨头相比，这个差距是巨大的。而当越接近他们时，就越会感到：每前进一步都非常困难。"

---

1 任正非.华为的冬天——任正非谈华为十大管理要点[J].中国企业家，2001(04)：48-50.

2 郦晓.《中华文摘》文章：杨绵绵 海尔的女管家[EB/OL].（2008-11-10）[2023-10-11]. https://www.chinanews.com/kong/news/2008/11-10/1444050.shtml.

第四章

激活『休克鱼』

在张瑞敏的励精图治下，历时7年（从1984年到1991年）的专业化经营发展，海尔专注地研发和生产冰箱产品，已经是名副其实的领军品牌。1990年，海尔凭借卓越的品质，先后获得国家颁发的企业管理"金马奖"和"国家质量管理奖"，这为其后规模扩张与腾飞积累了管理的经验，也在技术、人才、资金、企业文化方面，打下坚实的基础。

在青岛市委市政府的支持下，海尔合并了青岛电冰柜总厂和青岛空调器总厂。1991年12月20日，海尔集团正式诞生，拉开了海尔多元化发展战略的序幕。1997年9月，海尔以进入彩电业为标志，分别进入黑色家电、信息家电等生产领域。与此同时，海尔以低成本扩张的方式先后兼并了广东顺德洗衣机厂、山东莱阳电熨斗厂、贵州风华电冰箱厂、合肥安徽黄山电子有限公司等18家企业。在多元化经营与规模扩张方面，海尔进入了一个更广阔的发展空间。[1]为了让兼并的工厂得到有效的整合，张瑞敏创造性地提出了自己的管理理论——激活"休克鱼"。

---

1 海尔集团官网.发展历程[EB/OL].（2023-01-01）[2023-09-09]. https://www.haier.com/about-haier/history/.

◎ 不能吃活鱼，又不能吃死鱼，唯有吃"休克鱼"

相比海尔的吃"休克鱼"，思科更强调"快鱼吃慢鱼"，思科前首席执行官约翰·钱伯斯（John Chambers）分析称，当下的企业竞争已经"不是大鱼吃小鱼，而是快的吃慢的"。

在约翰·钱伯斯看来，在浩瀚的海洋里，慢鱼可能被快鱼吃掉，由此提出"快鱼吃慢鱼"理论。约翰·钱伯斯说："在互联网经济下，大公司不一定打败小公司，但是快的一定会打败慢的。互联网与工业革命的不同点之一是，你不必占有大量资金，哪里有机会，资本就会很快在哪里重新组合。速度会转换为市场份额、利润率和经验。"

约翰·钱伯斯的快鱼法则说明，在当下的激烈竞争中，几乎所有的经营型服务型企业，都要尽可能地抢占市场份额、扩大自己产品的销量。要想做到这一点，就必须快，原因是，蓝海市场的先机稍纵即逝，这就是"快鱼吃慢鱼"的前提。

莫德尔体育用品公司（Modell's Sporting Goods）的CEO（首席执行官）米切尔·默德（Mitchell Modell）在一次圆桌会议上重复了约翰·钱伯斯的"快鱼吃慢鱼"理论。米切尔·默德对与会的经理人说："想要在以变制胜的竞赛中脱颖而出，速度是关键。"

对于"快鱼吃慢鱼"理论，张瑞敏却有自己的理解和探索。为此，张瑞敏提出激活"休克鱼"理论。张瑞敏介绍说道："在中国，人们往往将企业间的兼并收购比喻为'吃鱼'，或是'大鱼吃小鱼'（大企业兼并小企业），或是'快鱼吃慢鱼'。在市场经济发达的国家，企业的兼并经过三个阶段：第一个阶段是大鱼吃小鱼，亦即弱肉强食；第二个阶段是'快鱼吃慢鱼'，技术先进的企业吃掉落后的企业；第三个阶段是鲨鱼吃鲨鱼，即强强联合。但是在中国，国企之间的兼并，却不会出现这三种情况，因为国有企业只要有一口气，就不会被吃，且'小鱼不觉其小，慢鱼不觉其慢，各得其所'。"[1]又因为中国的国情问题，"死鱼"是根本不

---

1 张瑞敏.论吃"休克鱼"[J]. 决策与信息，1998（11）：13.

能吃的，张瑞敏吃"休克鱼"的管理理论正建立在此基础之上。张瑞敏由此提出，既然不能吃"活鱼"，又不能吃"死鱼"，那么唯有吃"休克鱼"。所谓"休克鱼"，是指处于休克状态的鱼。企业的表面死了，但是肌体还没有坏，企业的管理有严重问题，停滞不前，只是处于休克状态。

正是张瑞敏的激活"休克鱼"理论，让海尔的企业案例走进了哈佛课堂。1998年3月25日，张瑞敏站在美国哈佛大学商学院的讲台上，详细地介绍了海尔的成长历程和管理经验，并当场回答MBA（工商管理硕士）学生关注的问题。

回顾改革开放以来的企业管理历史，以张瑞敏为核心的海尔管理层创造的"海尔文化激活休克鱼"的实践案例被哈佛大学商学院编写进教材，是海尔这艘大船开始走向深蓝的一个标志性事件。此外，来自中国的海尔，作为首个被美国哈佛大学商学院编写进哈佛教材案例的中国企业，也开了中国企业管理科学案例迈向世界的先河。

哈佛大学商学院常务副院长林恩·佩恩（Lynn Sharpe Paine）教授对张瑞敏分享的海尔案例给予较高的评价："张先生是我们邀请的第一位来自中国企业的客人，以前我们讲过日本、拉美国家有关企业文化运作成功的案例，但从来没有中国的，第一次引起我对中国兴趣的是海尔，海尔不仅学习借鉴外国好的经验，而且结合中国国情、创造适合中国的一套管理办法，海尔简直是奇迹，我感到十分钦佩！"

林恩·佩恩教授的观点没错，在整个20世纪，中国企业家由于缺乏文化自信，对他国企业管理，尤其是西方的企业管理模式，甚至达到顶礼膜拜、亦步亦趋的地步。虽然在1998年"海尔文化激活休克鱼"案例被编写进哈佛案例库，但盲目照搬西方企业管理模式的思维并未因此而终结，不过仍给了哈佛大学商学院的教授关注海尔、关注中国企业打开了一个窗口。

除了林恩·佩恩教授，还有平衡计分卡之父罗伯特·卡普兰（Robert S. Kaplan）和丹尼斯·坎贝尔（Dennis Campbell）教授，一直把海尔作为自己长期关注的课题之一。

2015年，罗伯特·卡普兰和丹尼斯·坎贝尔教授完成《海尔：与用户

零距离》的研究报告，并于同年5月13日登陆哈佛课堂，来自中国的海尔，再次成为全球学者、管理者关注的研究对象。

其后，哈佛大学管理教授罗莎贝斯·莫斯·坎特（Rosabeth Moss Kanter）以有关企业组织如何获得战略优势的问题为切入点，研究海尔的组织文化。2018年3月7日（美国波士顿时间），罗莎贝斯·莫斯·坎特教授在哈佛大学商学院课堂讲述海尔作为一家孵化创客的中国巨头企业的最新探索成果。[1]

与此同时，作为管理实践者的张瑞敏，再次与哈佛大学商学院学员就罗莎贝斯·莫斯·坎特教授的案例一起互动，并在当天阐述海尔的组织结构变革。张瑞敏在开场白说道："20年前，也就是1998年，我们当时的案例被哈佛大学商学院选中，我受邀来哈佛参与了我们的案例授课。20年后的今天，我们又有新的案例进入哈佛大学商学院。和20年前不同，这次的案例研究的是物联网时代的商业模式。"

基于此，让我们回顾20世纪90年代海尔的管理与变革。海尔之所以被写进哈佛案例，是因为海尔成功地兼并原青岛红星电器厂，而且迅速地扭亏为盈。

在该案例中，最让当时的企业界和学界不理解的是，海尔兼并原青岛红星电器厂后，作为并购方的海尔，委派到原青岛红星电器厂的第一批"中央军"竟然不是来自财务部，而是来自企业文化中心。当派驻的"中央军"抵达后，率先培训的不是盈利指标，而是企业文化、管理模式。财务报表的数字并不是海尔急于解决的问题，在张瑞敏看来，企业长远的价值才是委派企业文化中心人员的关键。

张瑞敏这样做的理论是："企业兼并的目的是以少量资金投入，迅速扩大企业规模。兼并之后，企业扭亏为盈不是靠大量的资金注入，否则不如建立一家新的企业；主要还是利用自己的无形资产，即所谓品牌运营，并注入文化和管理。我们的做法是，在被兼并企业里将海尔的模式进行复制，可以形象地总结为吃'休克鱼'的方法。"

在张瑞敏看来，海尔擅长的恰恰就是管理和开拓市场，这就找到了结

---

1 张朋辉.中国企业案例走进哈佛课堂[N].人民日报，2018-03-09.

合点。[1]正因为如此，海尔凭借自己的无形资产，盘活有形资产，提升自身的竞争力是海尔的一大法宝。

此外，海尔的并购与邓小平的"南方谈话"有关。1992年，在南方视察中，邓小平批示道："胆子要再大一些，步子要再快一些。"同年，中央确立了市场经济的改革方向，明确指出要明晰产权关系，让产权流动和重组，产权改革成为企业改革的重要组成部分。[2]

敏锐的张瑞敏洞察到邓小平"南方谈话"带来的机会，在邓小平"胆子要再大一些，步子要再快一些"的指示下，从1992年开始，海尔兼并了18家家电公司。之所以兼并其他家电公司，张瑞敏说："我们当时为什么要兼并那么多工厂呢？很重要一个原因，那时国家政策规定你是做冰箱的，你就不可以生产洗衣机。所以我们一下子兼并了18家企业，进入洗衣机、空调、冰箱、电视机等行业。"

正是在1992年对兼并模式的大胆尝试，张瑞敏为今日海尔成为白色家电帝国搭建了最为基础的架构。可是，海尔兼并一家包袱沉重、亏损严重的企业容易，但是要成功地整合却并非易事。在当时，企业兼并随处可见，但是兼并成功的案例却不多，甚至被兼并企业拖垮的案例也不胜枚举。鉴于此，怎么样让被兼并的企业扭亏为盈才是海尔不得不面对的难题，同时也是在考验海尔的管理能力。

1 张瑞敏.论吃"休克鱼"[J]. 决策与信息，1998（11）：13.
2 种昂.张瑞敏：教父级老板的企业管理奥秘[N].经济观察报，2018-11-13.

◎ 以文化促经营

在海尔的企业发展史上，让海尔规模增长的过程中，不得不提海尔并购青岛红星电器厂。与海尔一样，青岛红星电器厂也是青岛市重点和名牌企业。在当时，青岛红星电器厂职工3500多名，曾是中国三大洗衣机生产企业之一，年产洗衣机达70多万台。[1]

青岛红星电器厂虽然站在一个较好的起跑线上，但是却因为自身的管理思维没有跟上时代的步伐，经营每况愈下，截至1995年上半年，青岛红星电器厂的亏损额就高达1亿多元，甚至已经资不抵债。

与青岛红星电器厂不一样的是，此刻的海尔，在张瑞敏的名牌战略指导下，精准地把控了消费者的脉搏，实现高速增长，还摘取了中国家电第一名牌的桂冠，启动"企业文化先行"的兼并战略引擎。

1995年7月，在青岛市政府的支持下，海尔集团兼并亏损的青岛红星电器厂。当然，海尔之所以乐意兼并青岛红星电器厂，是因为青岛红星电器厂属于"休克鱼"——鱼的肌体没有腐烂，而鱼又处于休克状态，即企业硬件很好，但企业的思想、观念有问题，导致企业停滞不前。面对青岛红星电器厂这样的经营现状，海尔以"吃休克鱼"的方式，通过输入海尔文化，盘活被兼并企业，使企业规模不断扩张。

尽管海尔对于兼并青岛红星电器厂志在必行，但是在当时这却是一次大规模的企业重组行为，此次事件影响很大，尤其是青岛市，其成败关乎海尔今后的发展。

在整个兼并过程中，张瑞敏非常慎重。在划归之初，张瑞敏就想好了其整合思路，即青岛红星电器厂亏损的原因不是因为技术，也不是因为资金，"关键是管理不到位"。当然，管理不到位的直接后果就是职工的忠诚度差、岗位效率低、企业凝聚力不足。

此时的海尔，经过十几年的管理变革，已经形成了一套成熟、完善

---

1 郁迪. 海尔文化激活"休克鱼"——海尔兼并原青岛红星电器厂[J]. 中国商贸，1999（01）：44-47.

的管理系统，不仅塑造了员工共同认可的价值观，而且形成了自己的文化——海尔文化。[1]基于此，兼并青岛红星电器厂的成功与否，关键在海尔能否植入其文化，只有把海尔文化植入青岛红星电器厂，以此来强化职工的岗位责任和提高岗位效率，以海尔的无形资产盘活青岛红星电器厂的有形资产，青岛红星电器厂才有可能重生。

正因为如此，此次兼并对海尔文化和管理模式是一次前所未有的考验。为了能够成功地兼并青岛红星电器厂，在划归第二日，由海尔集团常务副总裁杨绵绵牵头，海尔企业文化、资产管理等五大部门的负责人齐聚青岛红星电器厂，贯彻和实施海尔的"企业文化先行"的兼并战略。率先向青岛红星电器厂全体员工解释"敬业报国，追求卓越"的海尔企业精神，此外，还重点强调了海尔的职工职责，追求最高质量信誉及实行岗位责任制的做法。[2]

其后，张瑞敏又亲赴青岛红星电器厂，向青岛红星电器厂的中层干部们推心置腹地灌输"关键的少数决定非关键的多数"这个"人和责任"的管理思想。在此次动员会上，张瑞敏客观地分析了青岛红星电器厂亏损的主要原因。同时也详细地讲解了海尔OEC[3]的管理思想，要求中层干部们从我做起，从现在做起，从我出成果，从今天出成果，全方位地对每天、每人、每件事进行清理、控制。日事日毕，日清日高。[4]在海尔，海尔OEC管理不仅针对一线员工，同时也涵盖全体管理干部。在这样的企业文化下，作为干部，尤其是中层以上管理干部，必须有其责任担当。当海尔兼并青岛红星电器厂后，海尔文化干部向青岛红星电器厂中层干部说道："企业最活跃的因子就是人，而在人的因素中，中层以上管理干部虽是少数，却在企业发展中负有80%的责任。"

兼并青岛红星电器厂后，海尔开始了对青岛红星电器厂的改造，具体的步骤分为两步：

1 孔庆钧.海尔企业文化的结构、功能分析与启示[D].郑州大学，2005.
2 张前.海尔文化激活"休克鱼"[J].经济论坛，1998（10）：18.
3 所谓"OEC"管理法，是"日事日毕，日清日高"的英文缩写，即英文 "Overall（全方位）、Everyone（每人）、Everything（每件事）、Everyday（每天）、Control（控制） and Clear（清理）"。
4 张瑞敏.张瑞敏的管理思想[J].创新科技，2003（01）：34.

第一，以海尔企业文化为中心，海尔文化干部培训青岛红星电器厂的员工，接受海尔的企业文化，同时从原咨询认证中心委派质量控制人员进驻青岛红星电器厂。

第二，提高青岛红星电器厂的岗位效率，海尔总部委派质量保证体系审核小组，督查青岛红星电器厂的所有流程。同时，海尔电冰箱股份有限公司副总经理柴永森受命担任由红星电器更名而成的海尔洗衣机有限总公司总经理。

在当时，柴永森年仅32岁，但是他在实施海尔OEC管理方面有着非常丰富的经验。虽然海尔兼并了红星，但是赴任后的柴永森却发现，由于在企业文化、企业管理、员工素质等方面存在巨大差异，青岛红星电器厂对于海尔的管理方法，例如OEC管理法存在较大的认识偏差。

这给海尔整合青岛红星电器厂增加了难度，尤其是"以人为本"的海尔管理思想难以得到落实。鉴于此，以柴永森为首的新领导班子，放弃了简单说教的培训模式，通过抓住真实的典型事例，让职工在观念上发生转变。

1995年7月12日，海尔洗衣机生产车间的一则处罚公告引发了海尔职工对岗位责任的大讨论。起因是质检员范萍因为责任心不强，导致开关插头插错和漏检，被罚款50元。

按照惯例，对一线职工的失误行为罚款原本没有任何争议，因为当时的中国企业一旦发生质量问题，向来都是以罚款行为人终止。

但海尔的管理者来处理此事时，却认为这样的处理过于简单。此次开关插头插错和漏检事件绝不是质检员范萍一个人造成的，反而更多的是海尔洗衣机生产车间当前存在的管理漏洞造成的。

由此推定，在此次事件中，当事人范萍的管理干部更应该逐级承担相应的管理责任。鉴于此，此事背后的思维解放意义异常强大。既然如此，那么质检员的上级到底负什么责任呢？1995年7月12日，海尔集团创办的《海尔人》在头版发表一篇名为《质检员的上级负什么责任？》的文章。该文一针见血地写道：

近日，在洗衣机有限总公司看到了一则处理决定：某质检员由于责任心不强，造成选择开关插头插错和漏检，因而被罚款50元。

该质检员作为最基层的普通员工承担了她所应该承担的工作责任。但是，从她身上所反映的质保体系上存在的问题——如何防止漏检的不合格品流入市场，这一责任也应该像处理该质检员这样，落到实处，找到责任人。在该质检员问题的背后，还存在着更大的隐患，毕竟洗衣机有限总公司的产品开箱率和社会返修率与第一名牌的要求还有很大差距，这一切绝不是该质检员一个人有能力造成的，体系上的漏洞使"偶然行为"变成了"必然"。既然如此，掌握"质检员们"的全局的干部更应该承担责任在前，先检查系统保障的问题，才能使"质检员们"类似的错误越来越少。

此文发表后，引发了一场关于岗位责任的大讨论：出了质量问题，仅仅是检查员和操作者的事吗？罚这位质检员对不对？如果质检员错了，她的上级应该负什么责任？质检员有没有经过严格的培训？上级是不是对她进行了复审？是不是对她进行了检查？不能出了问题都只推到具体工作人员一个人身上。[1] 在这场争论中，海尔就顺势给职工和干部灌输了一种岗位责任文化。当出现某个问题时，企业管理干部也要承担更多的岗位责任，即管理干部与员工责任承担比例为"80/20原则"。

《海尔人》为这场讨论还发表了一篇评论文章——《动真格的，先从干部开始——兼说80/20原则》，文章指出：

> 近一周来，集团公司各有关部门对海尔洗衣机有限总公司的方方面面进行了初探。这个企业不少干部自己深有感触地说："企业没有发展上去，关键在于人；人的问题，关键在于干部；干部的问题，关键在于从来没有动真格的。对于干部从不动真格的，原则就坚持不下去；不能坚持原则，处处让步，工作就上不去，市场就给你脸色看。"
>
> 的确如此。海尔管理上有个"80/20原则"，也就是，企业里发生

1 王珩.塑造优秀企业文化[J].合作经济与科技，2010（4）：52-53.

的任何一件过错、失误，管理者都要承担80%的责任，具体操作者承担20%的责任。

为什么要这样划分？一些干部不明白。可以用另一管理理论来解答，就是：在企业里，"关键的少数制约着次要的多数"。干部就是"关键的少数"，从战略目标的确定到计划的制订，再到实施控制，都是干部的职责，下面干得不好，主要是上面指挥得不好，下面的水平，就反映了上面的素质，所以，出了问题把责任推给下属就违背了管理的基本原则。

在我公司以往的管理中，对部分由于操作不当或者违纪造成的损失进行处罚的时候，有时并没有考虑该班组负责人的责任，很多仅仅对当事人进行处罚，并没有追究该团队领导的责任。在很多生产事故中，其实领导是需要担负起很大责任的，比如说高空作业没有佩戴安全帽、安全绳，如果当事人是新晋员工，而领导并没有安排指导并监督，那么这起事故领导人要担负80%~100%的责任；如果是领导有进行指导但是没有进行监督，那么领导人应该要担负50%~60%的责任；而如果是领导有进行监督并规劝，而当事人不听劝告，那么领导人还是要担负20%~40%的责任，因为你并没有管理好自己所带的团队，没有执行力。这样，就需要明确领导在各种生产事故中所需要担负的责任。

在接下来的工作中，我将在中维、中盈长丝电气组开始实施80/20法则，明确班组长领导的责任区分。证明此法则适用于本公司后，我将尽我所能努力推广，以点（小范围）试行，逐步推广成面，必须要点面两手同时抓，最终以点带面推广至整个集团公司。

在此文中，明确干部的岗位责任，是要让管理干部认清自己的岗位责任。只有真正地让管理干部承担责任，岗位责任制才可能真正地落地。

这样的责任追究讨论在原青岛红星电器厂职工中引起强烈的震动。在此之前，一线职工的管理干部从来就没有因为产品质量问题担负过相关的岗位责任。在此次讨论中，多数职工认为，让管理干部承担岗位责任是公平的，因为"领导必须承担领导责任"。正因为如此，洗衣机总公司分管质量的负责人认为，该文抓住了工厂在企业管理、质量、观念上的要害。产品质量出现问题，首要的责任在领导、在干部。企业质量办公室读报当天就组织了讨论，认为只罚工人是行不通的，要有勇气在自己身上开刀，才能找到出路。该负责人自罚了300元并写出书面检查。同时，他制定了措施，从管理体系上对洗衣机质量检查工作进行整改。由此及彼——总经理柴永森督促下级部门迅速处理企业数年来的洗衣机库存返修问题，但拖拉惯了的下级部门认为此事无关紧要，并没有按期照办——柴永森据此自罚500元。[1]经过此次讨论，耳目一新的海尔企业文化，让原青岛红星电器厂职工，尤其是管理干部，真正地觉察到海尔企业文化的巨大潜力，开始反省自己在岗位管理上的责任与差距，在自己身上寻找不足之处。其后，迅速设立干部红黄榜，先后有十位干部对自己工作中的失误进行了自罚，许多长期难以根除的质量、供货、干部工作作风等问题得到解决。[2]柴永森抓住青岛红星电器厂职工们的思维已有所转变的时机，让其分批参观海尔电冰箱公司等企业，让青岛红星电器厂职工，尤其是管理干部目睹海尔集团自身科学有序的现场管理，同时也领悟OEC管理的精髓，以此来找到与自身管理存在的差距。

在海尔现场管理中，强调"责任到人"，即"人人都管事，事事有人管"。即使在生产的每个流程环节，哪怕是车间的一扇窗户玻璃，其卫生清洁也都指定到员工个人，一旦出现岗位不到位的情况，其责任由相关的员工担负。

相比海尔冰箱，海尔洗衣机公司的现场管理存在的最大问题则是岗位责任不清楚，即使出了问题，也不知道找谁，或者由谁来担负此责。

当原青岛红星电器厂职工，尤其是管理干部参观海尔冰箱回来后，海尔洗衣机公司的各分厂着手整顿，把"严抓现场管理，落实每人、每事、每天的责任"作为每个职工提升岗位责任的突破口。在各分厂，相关干部每天停留在现场的时间至少六小时。一旦发现问题，立即解决，提升其现场管理水平。

1 陈洁.结合海尔企业文化案例 谈对煤炭企业文化建设的思考[J].中国科技投资，2013（17）：188.
2 周黎明.海尔企业文化给我们的启示[C].2008湖北企业文化高峰论坛论文集，2008.

经过一段时间的整顿，总装分厂现场焕然一新，之前管理较差、各种物品乱堆乱放的问题已经不复存在。崭新的《现场管理区域图》挂在车间大门处；"最优最差车间主任"、员工评比、提醒大家注意的"当日工作重点"等工整地书写在黑板报上；"日清栏"内质量、生产、物耗管理、设备、文明生产、工艺、劳动纪律等条目标注清晰，一目了然；车间地面上新画的区域黄线，将各种物品的放置界定了归位的明确界限……其他分厂也很快改变了过去那种从投入到产出的无序状态，管理井井有条，形成了完整的体系。[1]正是通过海尔文化自身的内驱力，公司改变了以往粗暴地撤换管理干部和辞退员工的做法，让公开监督、信息披露、加强学习、增进自觉的管理手段，海尔OEC管理模式顺利地在红星落地。

在随后兼并黄山电子有限公司的过程中也是如此。在激活"休克鱼"的策略上，与传统企业通常"把产品放在第一位"不同的是，张瑞敏始终把人放在首位。在张瑞敏看来，在人的因素中，中层以上管理干部就是关键，尽管只占少数，却在企业发展中担负80%的责任。

张瑞敏回忆说道："兼并合肥当地一电视机厂的时候也遇到过员工闹事儿，甚至拿啤酒瓶把我们派去的人的头都打破。"

1997年12月底，安徽省合肥市政府决定，将黄山电子有限公司整体划归海尔集团。据了解，该公司曾是安徽省的支柱企业，黄山电视一度供不应求，拥有2500多名员工。随着中国电视机市场竞争激烈，加上管理不善，公司开始亏损。截至1997年，黄山电子有限公司共亏损4982万元。

为了激活黄山电子有限公司，合肥市政府不得不另辟蹊径，原因是黄山电子有限公司如同"日晒下的冰棒，越化越少，快剩下一根木棍了"。

兼并黄山电子有限公司后，海尔面临一系列的整合难题。张瑞敏说道："他们的要求很简单，就是不可以再采取这么严厉的管理办法。我们说你们出的产品质量这么差，让你提高质量，解决问题你觉得很严。可以，停产无限期讨论，到底这样做对不对？讨论的结果如果是这样做不对，还是要恢复到原来的状态，我们就撤回来，不要这个厂。如果你们认为应该提高质量，我们就制定出具体的措施。最后他们全体签字同意按照

---

1 吴绚. 中小企业内部控制案例分析及对策[J]. 中国总会计师，2014（06）：123-124.

海尔要求去做。其实这不是海尔的要求，是用户的需要。"

经过一系列的整合，最后海尔成功地通过"吃休克鱼"的方式，将海尔"员工至上"企业文化放在兼并企业首位，由此兼并了诸多家电公司。截至1997年，海尔先后兼并了原青岛空调器厂、冰柜厂、武汉希岛、青岛红星电器厂等18家大中型企业，盘活存量资产达15亿元之多，海尔集团资产从几千万元猛增至39亿元，成为中国第一家家电特大型企业。[1]

1 种昂.张瑞敏：教父级老板的企业管理奥秘[N].经济观察报，2018-11-13.

◎ "日事日毕，日清日高"

在塑造海尔品牌的早期阶段，张瑞敏有针对地提出了"日事日毕，日清日高"的管理思想。该思想是全员参与质量管理的具体体现，为海尔在质量、品牌、服务等诸多方面脱颖而出打下坚实的基础。OEC管理法的实施，体现了海尔人做事的一个理念，即：什么叫作不简单？能够把简单的事情天天做好就是不简单；什么叫作不容易？大家公认的非常容易的事情，非常认真地做好它，就是不容易。每天的工作要完成，每一天要比前一天提高1%，那么，70天之后就能提高一倍。OEC管理法在海尔有一个形象的比喻，就是"斜坡球体论"。海尔认为：企业在市场上的地位犹如斜坡上的小球，需要有上升力（目标的提升），使其不断向上发展；还需要有制动力（基础管理），防止下滑。[1]张瑞敏由此得出下道工序是用户的结论。

张瑞敏总结道："管理上的东西，我们更多的还是学习德鲁克（彼得·德鲁克，Peter F.Drucker）。永远关注两部分人：外部的用户、内部的员工。在每个时期，诉求都是不一样的，但这两部分人永远是你的主体。"

在张瑞敏看来，管理学转来转去还是人性的问题。当职工生产出缺陷产品时，张瑞敏勇敢地拿起大锤怒砸76台问题冰箱。对此，张瑞敏说道："每一个冰箱上都贴上纸条，这个是什么问题？谁造成的？谁造成的由谁来把它砸毁。这个对大家内心的冲击力非常大。中国学习的是日本的管理，其实全面质量管理，我认为它最重要的要害就是下道工序是用户，用户永远是对的。"

要想对用户负责，就必须在流程上下功夫，同时也心怀敬畏。张瑞敏说道："正如克雷曼先生（劳伦斯·S.克雷曼，Lawrence S.Kleiman）所说：管理上没有最终的答案，只有永恒的追求。"

---

1 独家专访张瑞敏：颠覆定律、掀起变局，但他坚持"担着大风险，我也要改" [EB/OL]，（2017-12-03）[2023-10-10]. https://www.ancii.com/ae9q4avx/.

当我们回顾张瑞敏的管理变革时发现，张瑞敏始终把"人"放在首位。1994年，张瑞敏提出"日事日毕，日清日高"的管理方法：所谓"日清"指完成当日目标；所谓"日高"指"日清"之后还有更高的目标，它的内涵是要求每一个工人和管理者学会管理自己的时间和目标。对此，张瑞敏总结说道："日事日毕，日清日高，就是很多事一定要变成例行管理。我看德鲁克的《有效管理者》那本书，书中我印象最深的一句话：'管理好的企业没有任何激动人心的事情发生。'……中国工厂喜欢搞运动，喜欢搞得轰轰烈烈，实际上是杂乱无章。其实我觉得管理的必要条件就是大部分的管理工作都进入例行管理，例外管理应该是少之又少。"

对此，张瑞敏以海尔举例称，20世纪80年代，青岛电冰箱总厂引入了一条利勃海尔的冰箱生产线后，当时预估有9000台的产量。为了完成这个产量，张瑞敏把9000台的目标任务分解到每一天，即每天完成24.66台。正是这样的"日清"工作法演化成"日事日毕、日清日高"的OEC管理方法。

OEC管理法具体表现在"日事日毕，日清日高"两点。

第一，"日事日毕"。所谓"日事日毕"就是指，职工对每天发生的各种不正常问题，需要在当天查清原因、分清责任，且通过有效措施及时地处理。同时，为了防止流程中积累过多问题，必须落实岗位工作责任。

第二，"日清日高"。所谓"日清日高"就是指，职工对岗位工作中的不完善流程环节进行不断地改善。如果职工能够"坚持每天提高1%"，那么70天后，其岗位工作水平就可以提升一倍。

据了解，张瑞敏总结和提出的海尔OEC管理法，源于弗雷德里克·温斯洛·泰勒（Frederick Winslow Taylor）的车间流水线管理思想。

1898年，在伯利恒钢铁公司（Bethlehem Steel Company）大股东约瑟夫·沃顿（Joseph Wharton）的邀请下，弗雷德里克·温斯洛·泰勒以顾问身份进入该公司。此后，弗雷德里克·温斯洛·泰勒在伯利恒钢铁公司进行了著名的"搬运生铁块试验"和"铁锹试验"。

弗雷德里克·温斯洛·泰勒在搬运生铁块试验中，选择了该公司5座高炉的产品搬运班组的大约75名工人。弗雷德里克·温斯洛·泰勒通过研究和改进相关操作方法及训练了这些工人后，其生铁块的搬运量竟然提高

了3倍。

在铁锹试验中，弗雷德里克·温斯洛·泰勒系统地研究铲上负载后，有针对性地研究各种材料能够达到标准负载的锹的形状、规格，以及各种原料装锹的最好方法。此外，弗雷德里克·温斯洛·泰勒还对工人的每一套动作的精确时间都进行了相关研究，最后得出一个"一流工人"每天应该完成的工作量。[1]

弗雷德里克·温斯洛·泰勒的研究结果极大地提升了工作效率，堆料场的劳动力从400~600人减少到140人，平均每人每天的操作量从16吨提高到59吨，每个工人的日工资从1.15美元提高到1.88美元。[2]

弗雷德里克·温斯洛·泰勒的管理方法虽然提高了劳动生产率，但试图把工人当成"机器人"，这样的管理有些不近人情。鉴于此，张瑞敏并没有完全照搬弗雷德里克·温斯洛·泰勒的管理思想，而是"取其精华，去其糟粕"。根据实际情况，张瑞敏创建了OEC管理法。

在尊重员工的前提下，提高岗位效率。在OEC管理理论中，张瑞敏根据其总体目标，对员工职责、任务量和操作进行合理的分解和安排，同时将员工每天工作的七个要素（产量、质量、物耗、工艺操作、安全、文明生产、劳动纪律）进行量化，每天由每个员工自我管理，计算日薪并填写记账、检查确认，由车间主任及职能管理员抽查。[3]更为重要的是，每个月底汇总员工的执行情况并兑现计件工资，即职工的工资与自己的岗位责任挂钩。这样的管理办法使得每个人每天的工作有了一个明确定量的结果，体现了数据说话的公正性和权威性，保证了各项工作的有序进行[4]，同时也消除了懒惰问题。

OEC管理法的实施，进一步提升了海尔的精细化管理程度、流程控制能力。当然，要想让OEC管理法落地，就必须把目标体系、日清体系、激励机制三个体系有机结合起来。因此，一旦确立目标，就需要日清来完成目标任务。而日清体系的有效性，需要有一套正负激励的体系做保障。

1 刘涛.铁锹的技术含量[J].现代青年，2010（8）：16.

2 宇文智.谁是剥削企业的人[M].北京：新世界出版社，2009.

3 梁力东.浅析海尔OEC管理模式[J].科教文汇（中旬刊），2008（17）：159.

4 颜建军，胡泳.海尔中国造[M].海南：海南出版社，2001.

为了让OEC管理法得到落实，需借助一个叫作3E卡的记录卡。所谓"3E"是Everyday（每天）、Everything（每件事）、Everyone（每个人）的英文缩写，其实就是"日事日毕，日清日高"的细化。

在完成岗位工作时，员工每天都需要填写一张3E卡，3E卡将每个员工每天工作的七个要素（产量、质量、物耗、工艺操作、安全、文明生产、劳动纪律）量化为价值，每天由员工自我清理，计算日薪（员工收入就跟这张卡片直接挂钩）并填写记账，检查确认后交给班长，不管多晚，班长都要把卡拿回来签字后并交给上面的车间主任，车间主任审核完后再返回来，就这样单调的工作天天填、月月填，不管几点下班都得完成。[1] 例如，1999年7月中旬，美国洛杉矶气温已经超过40度，运输公司司机由于自身疏忽，把运往洛杉矶的海尔洗衣机零部件多放了一箱。通常情况下，该司机下次才把多放的零部件运回来。

美国海尔贸易有限公司零部件经理丹先生说道："当天的日清中就定下了要调回来的内容，哪能把当日该完成的工作往后拖呢！"

在如此高温下，丹先生在当日把那箱海尔洗衣机零部件又运了回来。正是因为"日清卡"，使他们把工作、目标分解落实到了每个员工身上，每个零部件都有一个责任人。也是通过"3E"卡的考核，通过对企业每件事、每个人的表扬与批评来使员工形成共同的价值观念，生产出高品质的产品。

当然，能够有效地对每一个职工的岗位责任进行监督，与张瑞敏早期的流程管理有关。20世纪80年代，工厂的职工岗位责任意识不强，为了让这两个目标落地，张瑞敏通过流程管理的模式，即采用严格、严密的规章制度保证职工完成每一道工序、每一个环节，以此来完成对每一个职工的岗位责任监督，同时也把每一个要求具体地落实到每一个职工身上。

当媒体记者问及海尔式管理时，张瑞敏总结说道："所谓管理，无非就是两个目标或者说是两个任务：一个是要理得清；一个是通过管理要得到更好的效果，就是这么两点。"

---

1 涂画.工作就要日事日清[M].北京：中华工商联合出版社，2011.

张瑞敏深知，严苛的流程管理不能强硬地推行，必须凭借完善的管理体系，让每一个职工将OEC执行文化内化于心。

可能读者好奇的是，张瑞敏在20世纪80年代就引进了德国先进的技术和设备，为什么没有采用德国成熟的管理方法，而是根据实际情况，另辟蹊径地独创了海尔管理模式呢？

张瑞敏的答案是："作为软科学的企业管理，是对人的管理。因国情、人情不同，生搬硬套国外的方法不仅达不到他们那样的效果，而且会导致我们永远落后于发达国家的名牌企业。许多合资企业在管理上暴露出来的矛盾已经证明了这一点。因此，我们必须研究和创立出适合自己国情和人情的管理模式。"

在张瑞敏看来，由于中国国情的原因，海尔需要一套相关的管理体系，解决职工岗位责任意识不强、做事得过且过等问题。

据媒体报道，海尔与日本三菱曾合作过一个项目。当时，三菱想要提供一整套日式管理方法给海尔，面对三菱的"好意"，张瑞敏却委婉拒绝了。张瑞敏认为，作为跨国企业的三菱，其管理方法固然很好，但是对海尔职工的作用不大。三菱的代表却不这样认为，因为三菱的管理制度相对成熟和完善。

90天后，三菱代表找到张瑞敏，并告诉他，三菱的管理办法确实行不通，让张瑞敏采用海尔管理模式。

鉴于此，张瑞敏采用了OEC管理方法，具体如下：总账不漏改、事事有人管、人人都管事、管事凭效果、管人凭考核。[1]为了避免岗位责任流于形式，张瑞敏通过OEC管理法来促使员工每人、每天所做的工作进行清理、检查，以此保证"日事日毕，日清日高"的落地。例如，海尔电冰箱公司有一个材料库，这幢5层楼高的库房共有玻璃2945块，在每一块玻璃上都贴有一张小纸条，条上有两个编码：一个是谁负责擦干净这个窗户，另一个是谁负责检查这个窗户。通过这种责任到人的方式，海尔的每件东西都有专人负责管理。大到会议室或一个重大的项目，小到一个开关或一个

小配件，都体现出这种管理的"精细化和零缺陷"。

海尔通过OEC管理方法，提升了海尔的竞争优势。首先，提高了海尔管理精细化程度，达到了及时、全面、有效的状态；其次，提高了流程控制能力；再次，使海尔形成了对不同层次、不同侧面均有激励作用的激励机制；最后，培育了高素质的员工队伍，使得"日事日毕，日清日高"的工作得以全面落实。

海尔传

◎ "相马赛马"

唐朝诗人韩愈在《马说》一文中写道："世有伯乐，然后有千里马。千里马常有，而伯乐不常有。"在韩愈看来，纵有千里马也必须有伯乐发现，否则"祇辱于奴隶人之手，骈死于槽枥之间"。鉴于此，千年来，中国人在自身的传统文化下更推崇"伯乐相马"。

不可否认的是，在选拔人才方面，"相马"原理也曾发挥过积极的作用。但是，这不等于就可以放之四海而皆准，尤其是20世纪末期，企业的发展需要多元化的人才，在选拔这些人才时，人才评价的标准各不相同，这就需要新型的人才选拔制度。究其原因，企业竞争归根到底还是核心人才的竞争。因为人才是企业的第一战略资源，一旦要想获得竞争的主动权，尤其是在激烈的竞争中立于不败之地，就必须在提供给人才舞台的时候，让人才自己跑起来，最后让自己脱颖而出。

鉴于此，如何让人才在企业的平台上驰骋，就是每个中国企业经营者不得不解决的问题。回顾当初，临危受命的张瑞敏同样面临这样的问题。与很多企业家不同的是，张瑞敏提倡"赛马"而不是"相马"。

对此，张瑞敏说道："我是老三届学生，参加工作是从'被领导'开始的，深知单凭领导印象、感觉的好恶来提拔干部，往往弄错，而且容易挫伤大多数人的积极性。那时候我就看不惯一些单位的领导任人唯亲、拉帮结派，到自己当了企业领导，我就一定要创造一个完全公平竞争的空间，给海尔每一个愿意干事的人才以发挥才干的舞台。这就是海尔跟其他企业不同的地方。中国历来把世道清平、人才解放的希望寄托在清官好皇帝上，'包公''伯乐'的故事千古流传就是这种传统心态的体现。"

张瑞敏这样解释，"伯乐相马"在封建社会可以，在市场经济条件下，"相马"作为一种人事制度既不规范也不可靠，这种把命运拴在别人身上的机制出人才的效率是很低的，由少数人说了算的选人路子肯定不能够做到最大限度地选用优秀人才，也不可能做到公平。要做到用人公平、公正、公开，"赛马"才是真正值得信赖的好制度，它能激发人的活力，让人才脱颖而出。[1]与张瑞敏同时代的华为创始人任正非也有类似的看法。任正非在内部讲话中说道："苗子是自己蹿出土面上来的，不是我拿着锄头刨到地下找到这个苗子。认可你，然后给你机会，但能不能往上走在于你自己。机会是靠自己创造的，不是别人给你安排的。"

在华为，干部选拔的标准重点强调基层经验与成功实践。任正非就曾说道："猛将必发于卒伍，宰相必取于州郡……每个人都应该从最基层的项目开始做起，将来才会长大，如果通过烟囱直接走到高层领导来，最大的缺点就是不知道基层具体的操作，很容易脱离实际。"

在任正非看来，将军必须是从实践中产生的，而且还是从成功的实践中产生。企业的组织建设其实与军队的提拔非常类似。通常都是先上战场，再被提拔。任正非说道："扛着炸药包打下两个山头你就当连长，没有什么服气不服气。"

在海尔，干部选拔使用"赛马"而非"相马"的做法引起了激烈讨论。1991年6月15日，一场名叫"千里马与伯乐"的讨论正式开始。

在这场讨论中，一位名叫张驰的管理干部率先将讨论焦点从"相马"转移到"赛马"上，他在一篇名为《相马不如赛马》的文章中写道："相马这种机制，对于千里马来说，命运掌握在别人手里，十分被动，弄不好就会碌碌无为一生。所以，从这个意义来说，我倒认为相马不如赛马。赛马与相马虽一字之差，却有本质的不同，赛马彻底改变了千里马的被动命运，充分显示自身价值的期望不再寄托在是否有伯乐的出现，而将命运的缰绳紧紧握在自己手里。"

在张驰看来，赛马的优势源于企业提供的平台和管理干部自己。张驰撰文称："要形成赛马的机制需两方面的努力，其一是，创造一个公平竞争的局面，在万马奔腾中使'千里马'脱颖而出；其二是，想成为'千里马'就不能回避这个赛场，必须积极参与显示才能。我们厂在提供赛场方面做了一定的努力，如对许多岗位进行公开招聘，干部实行聘任制，设立处长助理，红榜黄牌考核，优者上、劣者下等，贯彻一系列的'赛

---

1 张元坤.论应用组织行为理论管理企业[D].贵州大学，2005.

71

马’机制。只要你成为本职工作的状元和行家里手，都是赛场上的‘千里马’。”

张驰的观点是一针见血，究其原因，就是有一群"马"依旧死守"相马"的僵化思维，不积极主动地进入赛道，甚至还埋怨没有识别出"千里马"的伯乐，总认为自己怀才不遇。其次，这群"马"甚至没有意向"赛马"，甚至认为"赛马"过于劳累。

张驰直言，当伯乐识别出千里马后，让千里马"日行千里、夜行八百"，并不是让千里马就此"马放南山"，而是提供一个实现自我的平台，相对来讲，千里马比普通马做了更大的贡献。

张驰坦言："同样，一个人的才能，不通过艰苦的劳动怎能展现出来，怎能得到社会的承认？死守着‘相马’理论，大事做不来，小事又不屑做，这样就永远无法捕捉到他们所企盼的‘天上掉馅饼’的机遇，即便是伯乐再现，也只能‘哀其不幸，怒其不争’。"

张驰的观点在海尔引起了极大的反响，同时也让职工知道，"赛马"而非"相马"，也是因为企业有相对公平的竞争机制。在海尔的"赛马"机制中，海尔"提供舞台让员工施展才华，既给你场地、资格、机会，看你发挥，又通过目标公开、场地公开、考核公开的公开竞争机制，让人才脱颖而出，仁慈的价值在这里得到体现和承认，事业可得到实现，并能不断前进"。作为管理干部，是不是千里马，必须在岗位和市场的赛道上才能证明。

Haier

第五章

服务到永远

20世纪80年代，当中国企业正在为解决产品产能和规模犯愁时，张瑞敏已经通过砸冰箱事件，提升了职工们的质量意识及冰箱产品质量，赢得市场、顾客、学界、驻华大使等的认可。1986年，原联邦德国驻华大使裴培义先生从北京专程到青岛电冰箱总厂考察。当裴培义大使看到海尔工厂紧张有序地进行生产时，十分佩服年轻的厂长张瑞敏，并且竖起大拇指。

图片来源：海尔官网

图5-1 1986年原联邦德国驻华大使裴培义先生从北京专程到青岛电冰箱总厂考察

1987年，海尔冰箱在世界卫生组织进行的招标中，击败十多个国家的冰箱产品，首次在国际招标中中标。海尔一系列的发展变化，逐渐引起了各级领导和社会各界的关注。

在打下第一阶段的质量攻坚战后，张瑞敏便提出了名牌战略。在张瑞敏看来，一个企业要永续经营，首先要得到社会的认可、用户的认可。企业对用户真诚到永远，才有用户、社会对企业的回报，才能保证企业向前发展。[1]因此，在做好产品质量的基础上，海尔完善相关的服务质量，开了

1 宋荣华.海尔：真诚何以到永远[J].中国五金与厨卫，2004（04）：25-26.

第五章　服务到永远

海尔传

中国企业服务管理的先河。

经过几年的发展，海尔再次强化"顾客"意识以及服务意识。1995年，海尔在这样的背景下提升自己的"星级服务"，该服务的宗旨是："顾客永远是对的。"原因是，"顾客"是企业的现金流和利润来源，只有不断地提供极致的产品和服务给"顾客"，才能保证企业的生存和发展。

◎ 顾客永远是对的

　　顾客至上，这是从古至今经商的根本。不论什么时代，不论什么领域，如果不尊重顾客，经营就不可能持续。随着商业社会的进一步发展和成熟，顾客甚至几乎成为经营成败的关键因素。长寿企业更是将"顾客至上"奉为圭臬，在上百年的经营中，这个思想已深入骨髓，甚至成为无意识的习惯，他们每时每刻都在反反复复努力实践着这一理念。[1]可以肯定地说，客户至上，是企业长寿的法则之一，也是企业在竞争中胜出的决定性法宝。也正因为如此，张瑞敏才把"顾客"的作用提升到战略位置。"顾客永远是对的，"张瑞敏说，"不管在任何时间、任何地点、发生任何问题，错的一方永远只能是厂家，永远不是顾客，不管这件事表面看来是不是顾客的错。"[2]海尔在服务"顾客"时，真正地做到"真诚"，以此赢得"顾客"的信任度，最终让他们成为重度"顾客"。当然，要想让"顾客"成为"重度顾客"，就必须先树立"用户永远是对的"的服务思维，真正地做到"零距离"服务。

　　到底什么是海尔的"零距离"服务呢？张瑞敏解释称："所谓'零距离'，其本质是心与心的零距离。"

　　在张瑞敏看来，只有企业同员工的心之间是零距离，员工才能同用户的心之间产生零距离，那就真正做到了卖一台产品赢得一颗用户的心。[3]

　　1995 年 3 月，青岛市的一位王姓女性顾客购买了一台海尔空调。由于空调产品不方便运输，王姓顾客于是叫了一辆出租车将空调运回家。当王姓顾客上楼找人帮忙搬运时，贪财的出租车司机却把空调拉走了。

　　在当时，作为奢侈品的空调，价格自然不菲。此事被《青岛晚报》曝光后，不义的出租车司机立刻受到人们的指责。按照当时的服务情况，海尔本来完全可以置之事外。

1 船桥晴雄.日本长寿企业的经营秘籍[M].北京：清华大学出版社，2011.

2 王少冗.海尔：真诚何以到永远[J]. 齐鲁质量，2002（8）：23-24.

3 郭效中.海尔服务营销成功之道[J].合作经济与科技，2009（08）：101-102.

海尔传

但当张瑞敏看到此则新闻，尤其是了解到顾客购买的是海尔空调后，他在第一时间打电话给空调事业部负责人，让该部门免费赠送给王姓顾客一台海尔空调，并负责上门安装。

王姓顾客对海尔的做法非常满意，对着自家墙上安装好的海尔空调说道："是海尔救了我一条命，当初那司机拐走我的空调后，我怎么也想不开，一天没吃饭，到海边寻思着，偏让我遇上了这件事，真没法活了！后来女儿说，海尔又送来了空调，我当时不信，以为是女儿哄我宽心，没想到是真的，我做梦也没想到！该拿的偏要拿，不该送的还偏送。这世界，人的品质相差太远了！"

按照惯常的逻辑，此事件得到圆满的解决，似乎就到此为止。但是，该事件却让张瑞敏觉察到海尔自身的服务盲区，开始了企业内部（冰箱、冷柜、空调、洗衣机）自查服务存在的各种问题，同时制定相关的解除顾客烦恼的具体措施。

空调事业部从王姓顾客"丢失空调事件"中总结称，顾客在购买空调时，因为一些顾客是女性或者岁数较大等原因，如果自己拉货、找人搬抬等，会给顾客带来诸多的不便。

鉴于此，空调事业部完善了相关服务体系，提出了"无搬动服务"，即一旦顾客购买了海尔空调，顾客就可以无忧地等待海尔的产品安装和上门服务了。

为了更好地提供服务，空调事业部又推出"24 小时安装到位"的服务项目。顾客购买空调后 24 小时之内，海尔完成上门安装等一系列的服务。该服务的推出，让海尔空调事业部成为一条"鲇鱼"，其他公司也从此事中开始重视自身企业的服务薄弱环节，推出了一系列服务措施。

当然，海尔空调从"零距离"服务，到"无搬动"服务，到24小时之内上门安装完成等"海尔星级服务"，顾客可以更加认可海尔的服务质量。在张瑞敏看来，企业经营者只有把服务做到位了，才可能提升消费者的忠诚度。当然，服务工作做得是否到位代表着一个企业的产品质量、整体形象及其综合素质。因此，能否赢得价值客户，不仅取决于产品质量、产品标准、产品价格等因素，服务也同样重要，甚至可以说，谁重视服务，谁就赢得未来。

当我们查阅海尔的服务管理时发现，正是凭借服务，让海尔成为一个家喻户晓的家电品牌。在偏远的山区，由于服务成本过高，很多企业会放弃对此类市场的开拓，更别说服务。但是，海尔却是一个例外。

海尔在对西南地区市场的拓展中，就遇到一个这样的案例。在四川省三台县，有一座叫"南瓜山"的高山，海拔1800米。三台县古井镇心妙乡四村八组就位于南瓜山的半山腰，海拔1500米，同时也是该山最高处的一个行政村。

这样的山区，怪石嶙峋、山高路陡。唐朝诗人李白就在《蜀道难》中写道："蜀道之难，难于上青天！"

在该地区，久居山上的村民在"乡场"上购买化肥农药等生产物资都是一件较为费劲的事情，更别谈购买冰箱、冷柜等大型家电产品。但是改革开放后，村民的购买力已经发生了翻天覆地的改变，冰箱、冷柜等大型家电产品已经开始进入山上村民的生活中。

正因为如此，来自四村八组的李秀林也想购买一台冰箱，但是运输问题让他犯难。虽然如此，李秀林还是试着询问几家商场购买冰箱的事情，但是当销售冰箱的负责人听到"心妙乡"几个字时，就直截了当地拒绝了，理由是"不送货"。

商家之所以不愿意送货，是因为"心妙乡"的道路过于陡峭，还必须经过一段险峻的悬崖，其风险太大，没有商家愿意冒险。

当其他商家都放弃时，四川三台县潼川镇海尔售后服务部经理许美智得知李秀林要购买冰箱后，便告诉李秀林："我们海尔给送货。"

为了解决山路送货难的问题，许美智专门定制一顶"轿子"，并把冰箱牢牢地固定在"轿子"上。此外，为了防止行走时路滑，还特意让"轿夫"穿上特制的草鞋。这就是海尔冰箱坐着"轿子"过悬崖的故事。据了解，在通往"心妙乡"四村的道路中，最难走的一段路在百米悬崖之上，山下乱石堆积，一旦不小心摔下去，其后果不敢想象。

村民为了通行，就在悬崖边一块巨石上开凿出一条小路来，此处弯弯曲曲，长度大约有150米，最宽处仅仅只有40厘米。

此外，村民为了安全通行，在通过悬崖时，往往会抓住一条铁索。在这样的恶劣环境中，即使正常通行都很困难，更别谈抬着一台冰箱通过，其难度可想而知。在此次送货中，许美智既要保证送货人的安全，还要保证冰箱不能碰到仅仅只有40厘米宽的崖壁上。

几经努力，送货人"翻山越岭"后，终于把海尔冰箱平安地送到李秀林家。正因为海尔的服务走进了大山深处，海尔这个家电品牌也铭刻进了大山村民的心里。

在海尔，像"心妙乡"许美智这样的海尔故事还有很多。2018年1月的某个晚上11点，无锡的高松涛接到一个电话，顾客说道："高师傅，曹张新村一个用户家里空调出问题了，比较急，你能帮忙去看看吗？"

电话中，高松涛了解到，曹张新村一户老教师家的空调制热效果不是很好，加上老人身体不好，冷得睡不着觉。

"好，我马上去！"接到电话的高松涛即刻穿上外套，着急地赶往曹张新村。高松涛排查了30分钟后发现，该空调使用的年限太长，加上长时间开启制热，导致外机结霜。

发现问题后，高松涛开始除霜，其后，空调又恢复到正常制热状态。当高松涛回到家时，已经凌晨2点。

此后，高松涛每两到三天去检查制热的效果。高松涛的极致服务赢得了该顾客的认可。顾客说道："高师傅真是尽职又热心，海尔'真诚到永远'的服务真不是虚的！"

此件服务只是高松涛20多年工作中的一件。1998年，刚毕业的高松涛加盟了海尔集团苏南分公司，成为海尔的一名基层服务人员。

其后，高松涛在自学的同时，积极参加海尔公司培训基地组织的各项高技能培训。由于出色的工作能力，获得"金牌工程师"称号，享受每月技能补贴。

《现代快报》报道称，高松涛参加"2016年金刚钻·第七届全国家电服务业职业技能竞赛"的家电空调器维修服务技能竞赛，个人成绩位列全国第三名。此外，高松涛还多次被授予"全国家电服务业技术能手""最美服务工程师"等称号。[1]在20多年的时间里，高松涛和他的团队因为极致的服务赢得顾客的认可。当然，也正是无数像高松涛这样的海尔工匠，真正地践行了海尔服务的"真诚到永远"，海尔才能够书写一个又一个的辉煌业绩。

高松涛的服务故事，只是无数海尔人的缩影。1998年，福州市的一位顾客在喜迁新居后，几经挑选，选中了海尔空调。

在当时，海尔空调凭借高质量，产品热销，导致短暂缺货。销售人员耐心解释："货今天下午一到，第二天马上送货到家。"

次日上午9点，几个身着海尔工作服装的人员早已等候在顾客家门外。原因是，海尔安装工作人员为避免打扰顾客休息，一直没有敲门，尽管提前半个多小时到达。

为了更好地做好服务，在安装空调过程中，安装工人事先垫好垫布，预防划伤地板。当空调安装好后，海尔安装工人先是把挪动的家具恢复原样，其后把房间打扫干净。不久，海尔总部收到一封感谢信，内容大意是海尔的极致服务让他感动。

---

1 陈敏.深耕家电维修业20年 他在锡城建起5万家庭"朋友圈"[N].无锡快报，2018-01-19.

◎ 推出"星级服务模式"

　　理解客户需求并创造新产品和服务满足顾客需求,这才是企业赢得顾客忠诚度的一个重要手段。对此,张瑞敏说道:"要想赢得一个市场,前提是必须从心底尊重当地的用户,切实以用户为师。一个产品要做到'艺术'境界的话,这是非常难的,但是海尔还是坚持攻克难关理念,达到用户满意。"

　　在这样的指导思想下,海尔产品研发的宗旨就是解决顾客需求。1996年10月18日,海尔研发了中国第一台"即时洗"小型洗衣机。

　　在当时,研发小型洗衣机招致各方批评,但是海尔研发部门坚持认为,在北京、上海、广州、深圳等一线城市,在炎热的夏天,即使顾客一天换洗两次衣服,频次看似很高,但是真正需要洗涤的衣物量却较少,大容量洗衣机的需求已经显然过剩。

　　为了能够有的放矢,在经过上百次的技术论证的同时还专门向顾客进行"问卷调查",以此了解顾客的真正需求。

　　当海尔回收了5万份"问卷调查"后,经过200多个日日夜夜的研发,海尔研发人员研发出"小小神童"洗衣机。在取得首战告捷后,海尔技术人员仍然时刻关注着市场的动向,注意倾听消费者的反馈。有的消费者反映,"小小神童"没有甩干功能,于是,技术人员迅即推出带甩干功能的新型号,再一次形成了一个强劲有力的市场卖点。从此之后,海尔的"小小神童"不断地更新换代,无论是"喷淋手"还是"全瀑布",每一代产品都与市场需求密切相关。[1]以此,填补了小型洗衣机的市场空白。

　　对于海尔产品的适销对路,张瑞敏的解读是,企业研发生产的产品,只有解决顾客需求,才能赢得顾客,赢得市场。

　　在海尔的服务战略中,坚持需求前置,甚至让顾客参与产品的研发和设计。对此,海尔建立了"从市场中来,到市场中去"的环形新产品开发机制。

---

1 党书国.海尔管理模式全集[M].武汉:武汉大学出版社,2006.

加州州立大学奇科分校马修·L.缪特（Matthew L.Meuter）教授和亚利桑那州立大学W.P.Carey商学院营销系服务领导力中心的Pet Smart主席玛丽·乔·比特纳（Mary Jo Bitner）对不同行业研究发现，顾客参与一般被分为高度参与、中度参与和低度参与三个层次。

表5-1 顾客参与的三个层次

特征	低度参与	中度参与	高度参与
顾客责任	顾客只需要出现在消费场所	顾客需要投入一定资源获得期望的服务	服务是由顾客主导而完成的
服务标准化程度	标准化生产的产品或服务	标准化生产的服务由于顾客的投入实现了部分定制化	顾客的积极参与能够决定服务的个性化程度
服务生产的完成方式	服务的生产是面向大众而不考虑个体	服务的生产需要考虑顾客的需求	若没有顾客的参与，将无法完成服务的生产
顾客的投入形式	顾客对服务生产的唯一投入就是付费	服务提供方需要提供服务，但服务的具体生产需要顾客提供信息和努力而实现	顾客投入具有一定的强制性，顾客与企业共同生产服务
举例	航空旅行、快餐馆、旅馆	理发、年度体检、全方位服务的餐厅	婚姻咨询、个人培训、减肥计划

（1）高度参与

顾客高度参与行业，其特征主要是，顾客是构成整个生产环节的不可或缺的组成部分，顾客决定企业提供的服务方式、质量以及所需时间等等。

在这样的背景下，定制相关服务就成为一种普遍的必然现象，甚至别无选择地与产品或者服务提供方共同生产，否则将无法达到自己所追求的质量水平。在高度参与行业中，其代表行业有管理咨询、营销策划等。

（2）中度参与

在顾客中度参与行业中，定制相关服务意愿较之高度参与有所下降，由于顾客自身个性需求的存在，相关产品不得不投入大量的成本在信息、理念、服务上，使得标准化生产的服务在某种程度上转为定制化生产的服务。

（3）低度参与

在参与程度最低的行业中，所有的产品和服务都是标准化的，服务提供方决定其服务内容、服务方式、服务类型等，顾客只能购买到服务提供方提供的服务和产品，如自助服务、快餐店等。

在海尔的产品战略中，海尔倡导顾客踊跃提出自己在生活中遇到的难题或者建设性意见，为此还设立了"用户难题奖"。这样的做法不仅促使顾客关注海尔的产品研发方向，同时还提高了顾客自身的产品研发和设计参与感，既激活了顾客创造力，又创造了市场。

1996年，一位来自四川的农民投诉海尔称，自家的洗衣机排水管时常堵塞。海尔服务人员上门维修时才发现，堵塞问题是因为该顾客用洗衣机洗红薯。

按照正常的售后服务情况，此问题压根儿就不是产品质量问题，不属于正常的售后服务。然而，海尔服务人员并没有因此推卸责任，而是加粗了相关的排水管。对海尔的售后服务，该顾客非常感激，在责备自己给海尔服务人员增添了不少麻烦的同时，也提出自己的未满足的需求。该顾客说道："如果能有洗红薯的洗衣机，就不用劳烦海尔人了。"

当该顾客的需求传到海尔总部后，海尔研发部为了解决此需求，试图研发一款专门清洗红薯的洗衣机。

1997年，海尔研发部门启动了研发以清洗红薯为需求的洗衣机。当此项目正式立项后，同时成立四人专项课题组，李崇正工程师担任该项目组长。

经过几个月的研发和设计，1998年4月，型号为XPB40-DS的新型洗衣机正式投入批量生产，该洗衣机除了洗衣机的日常功能外，还可以清洗红薯、水果甚至蛤蜊。

由于该产品主要解决农村地区的需求，其定价为848元。当首批1万台投放市场后，该型号的洗衣机即被抢购一空。

此外，除了洗衣机，海尔同样根据顾客需求，研发了其他产品，不仅满足了顾客需求，同时也创造了市场。2000年4月，为了更好地引导居民夜间用电，缓解高峰期用电的压力，上海市由此推出了"分时电价"用电政策。

根据规定，居民夜间用电，其电费低50%。当上海的顾客把此需求传递给海尔后，海尔电热水器由此研发和设计相关的定时加热功能。具体的做法是，海尔热水器在夜间自动加热，即使在白天，热水依旧可以正常使用。当该产品投放市场后，购买的顾客络绎不绝。

回顾海尔的发展史不难发现，高质量的产品是赢得顾客和市场的关键，其后，为了更好地提升顾客的忠诚度，海尔启动了优质的服务管理。

对于任何一款产品来说，都不可能保证100%的良品率，当产品出现问题后，优质的服务就是顾客弥补产品问题的一种有效补偿。

对此，海尔在服务体系中创建了"一二三四"模式。所谓"一二三四"模式就是：一即"一个结果"：服务圆满。二即"二条理念"：带走用户的烦恼，留下海尔的真诚。三即"三个控制"：服务投诉率小于十万分之一，服务遗漏率小于十万分之一，服务不满意率小于十万分之一。四即"四个不漏"：一个不漏地记录用户反映的问题；一个不漏地处理用户反映的问题；一个不漏地复查处理结果；一个不漏地将处理结果反映到设计、生产、经营部门。[1]在海尔的服务体系中，全面地提升服务质量是为了提升顾客的忠诚度，同时也是为了更好地给顾客带来极致的体验。海尔由此推出"星级服务模式"，主要涵盖三个方面：

第一，售前服务。当顾客尚未了解海尔的产品时，销售人员会详细地介绍产品的特性和功能，甚至不厌其烦地讲解和演示，例如海尔的产品如何进行相关的安全操作，顾客应该知晓的信息等，尽可能让顾客作出适合自己的选择。

---

1 卜祥.海尔售后服务"一、二、三、四模式"[J].经济与管理，1995（04）：27.

第二，售中服务。所谓"售中服务"是指，在某些特定的区域实行"无搬动服务"。当顾客购买海尔产品后，海尔提供相关的送货上门、安装到位、现场调试、月内回访等服务。

第三，售后服务。为了做好售后服务，海尔还整合了客户关系管理系统，凭借自身的网络等先进技术能够精准地了解顾客使用的产品及其型号，以便在30秒内查询到顾客使用产品情况的信息。

为了更好地拓展西南地区市场，位于该地区的重庆市海尔公司更是把海尔社区服务站配套纳入小区。祖文霞女士以试试的想法打电话给小区物业，想对自家 1999 年购买的两台海尔空调实施维护和保养。10分钟后，海尔服务人员就登门准备实施维护和保养了，这让祖文霞女士感动不已。然而，当服务人员刚打开空调部件查看时，祖文霞女士的一位好友带着家人前来做客。

面对友人带家人来访，祖文霞女士犹豫再三地对服务人员说道："能不能暂且停止下次再来？"

服务人员带着微笑爽快地答应了，并且尽快地收拾好工具，离开了祖文霞女士的家。次日，祖女士再次拨打小区物业电话，10分钟后，服务人员再次登门了。

其后，服务人员按照正常的流程查看和保养，当空调保养接近尾声时，祖文霞女士的上级领导要求她立即到公司解决紧急问题。不得已，祖文霞女士再次为难地表达歉意，服务人员像上次一样，依然面带微笑悄然退出。

一周后，祖文霞女士第三次拨打小区物业电话后，服务人员再次登门。此次空调保养较为顺当，且服务人员的热情依旧不减，工作仔细周到。

保养完成后，祖文霞女士非常满意服务人员的服务。海尔服务人员保养空调三次登门的故事也在本小区以及周边居民小区中流传开来。

对此，时任海尔总裁杨绵绵说道："我们就是要通过真诚的服务，不断地满足用户对产品服务方面一个又一个新期望，使消费者在得到物质享受的同时，还得到精神上的满足。"

Haier

海尔中国造

几十年前，中国企业与外国大型的跨国公司相比，在资金、技术、管理、人才等方面都存在天壤之别，加上缺乏拓展经验，不得不在海外市场拓展过程中慢慢地摸索。

为了尽可能地规避海外市场的诸多风险，20世纪90年代，海尔在拓展国际市场时，提出"先有市场，后建工厂"的战略。在接受媒体采访时，张瑞敏说道："市场营销网络是现代企业非常重要的财富。在美国考察时，最能引起美国人兴趣的就是海尔遍布全球的营销网络。很多人希望利用海尔的营销网络进行合作。在目前的中国，没有一家企业能拥有像我们这样大的营销网。海尔的营销网就是海尔品牌的世界版图。"

基于这样的战略思维，海尔要在海外创建工厂，其关键是当地的市场潜力，海尔产品的出口量必须达到最低的盈亏平衡点，是海尔海外市场建厂的前提。反观海尔在美国创建冰箱工厂，其盈亏平衡点是年产量30万台左右。按照数据显示，海尔每年出口到美国的冰箱已达到50多万台，远远超过了30万台的平衡点。正是因为美国市场的强大购买力，海尔才投资3000万美元在美国创建自己的工厂。同样，海尔在巴基斯坦、孟加拉国、印度尼西亚建厂都是本着市场为先的原则，事实证明这是很有效的。[1]

1 李东阳，朱梅. 我国战略性新兴产业全球价值链布局研究——以海尔集团为例[J]. 中国管理信息化，2018（22）：96-99.

◎ 先难后易

20世纪90年代，尤其是邓小平南方谈话后，中国企业如雨后春笋般拔地而起。然而，一些企业家却觉察到中国本土市场即将"饱和"的危机，掀起了风起云涌的国际化市场拓展浪潮。

在这批企业家中，就包括海尔的张瑞敏。与此同时，外资企业拓展中国市场的"威胁论"也在发酵。20世纪90年代末，中国即将加入世界贸易组织，"狼来了"的声音甚嚣尘上，很多人担心大量的国外商品和外资企业涌入中国，会给中国的产业带来灾难。

清醒的张瑞敏并不认可这样的思维，一方面，1999年，海尔已经成为中国家电行业的龙头企业，另一方面，中国企业需要与"狼"共舞才能成为"狼"，就像下棋与高手过招才能成为高手。张瑞敏说道："'国门之内无名牌'，必须走向国际市场，而且一定是'出口创牌'，而不是'出口创汇'。海尔先难后易，选择先进入欧美国家已经成熟的家电市场，走上一条海外创牌之路。"

1999年，当海尔到美国投资建厂时，遭到了媒体的质疑。张瑞敏说道："当时外界的质疑声和压力很大，有媒体甚至发表了一篇文章《提醒张瑞敏》。如今，在年轻一代的美国人眼中，海尔是一个很好的家电品牌，甚至很多人并不知道它其实是来自中国的品牌。海尔正在成为美国的本土品牌。"

回顾海尔的发展史不难理解，1984年12月，张瑞敏已经开始探索国际化了。在引进先进的冰箱制造技术和设备后，张瑞敏也开始着手产品的外销。

此刻的张瑞敏面临的最大问题，就是参差不齐的海尔冰箱产品质量。张瑞敏不得不启动质量提升的引擎，开始海尔的全面质量提升之路。此后，张瑞敏将海尔打造成为中国企业国际化的一面旗帜。截至1997年，海尔的销售额突破了100亿元大关。

在中国企业国际化的进程中，海尔的旗帜作用主要体现在三个方面：一是海尔的产品质量代表了"中国制造"（Made in China）的水平和能力；

二是海尔的发展速度代表了中国企业的发展速度；三是海尔的管理代表了中国企业的管理水平。[1]在很长一段时间里，但凡提及"Made in China"，似乎就是"低质劣品"的代名词。经过诸多中国企业，例如像海尔、格力电器、华为等的高品质产品的外销，改变了"Made in China"廉价低质的产品形象。与此同时，在中国经济崛起的过程中，柔性的软权力（Soft power）文化输出，比刚硬的、战狼式的硬权力（Hard power）输出更容易让西方顾客接受。标杆企业作为中国经济崛起的文化载体，不仅可以向西方展示中国创造的产品，同时也在构建中国创造（Created in China）的产品文化矩阵在全球市场上的影响力。[2]在国际化市场的拓展中，海尔的办法是"认证先行"。1990年，海尔产品通过了美国保险商试验所（Underwriter Laboratories Inc.，简称UL）的认证。此事标志着海尔走向国际市场的思路已经开始付诸实施。

作为中国企业，海尔的国际化市场拓展还是相对较早的，这主要源于其技术和生产设备引进自德国，及其与利勃海尔的合作。

1993年，在德国*TEST*杂志一年一度的家电抽检结果报告中，海尔冰箱获得了8个"+"号，在受检的冰箱产品中名列质量第一名，比德国、意大利本土市场生产的冰箱评价还要高。其后，海尔继续拓展美国、俄罗斯、意大利、菲律宾等国家的市场。

按照海尔官方的解释，之所以选择把发达国家作为国际化突破口，不仅是为了提升海尔产品的自身竞争能力，同时也为了更好地打造海尔国际化品牌，最终以高屋建瓴之势打开发展中国家的冰箱市场。2020年11月3日，海尔集团品牌管理部总经理王梅艳在"2020中国企业海外形象高峰论坛"上介绍称："海尔全球化的理念与一般企业不同，践行的是先难后易的原则，也就是说，海尔全球化第一步就先迈入发达国家。"

客观地讲，先拓展发达国家市场、后拓展发展中国家市场的国际化战略，对当时的海尔来说，难度难以想象。究其原因，海尔要实现国际化战

1 新浪财经.海尔：中国企业的一面旗帜[EB/OL].（2009-08-26）[2023-10-11]. http://finance.sina.com.cn/hy/20090826/17376668118.shtml.
2 周锡冰.老干妈传——陶华碧的传奇人生[M].北京：中华工商联合出版社，2022：001-002.

略的前提是海尔的出口产品是否具备高端的品质。

在质量至上理念的指导下，凭借优异的品质，海尔产品成功地进入德国、美国、日本等发达国家市场与跨国企业一决高下，经过激烈的竞争后，海尔产品赢得发达国家顾客的认可，为海尔后续的国际化探索做了准备。

为了打造高品质产品，早在1998年，海尔就投入巨额资金创建"质量监测中心"，海尔建立了中国本土市场首家具备国家级实验室资格的企业实验室，且已经达到世界领先水平，甚至可以模仿世界各地最为恶劣的环境条件检测相关产品。

此外，海尔还在产品质量上下功夫，海尔产品赢得国内外消费者及权威质量认证机构的高度认可。在质保体系方面，海尔是中国第一家通过ISO9001国际质量体系认证的家电企业，也是中国产品通过该项认证最多的家电企业，确保了海尔产品在世界各地畅销无阻。[1]按照海尔的国际化拓展路径来分析，在拓展模式上，海尔率先采用稳健易行、投资额较小的产品出口模式，直接参与德国、美国、日本等发达国家市场的竞争。当拓展更大的市场空间后，再逐渐地从事资金要求更高、风险更大的跨国经营活动，包括直接投资，即建立自己的工厂。[2]此类国际化模式的好处是，中国企业在国际化过程中，可以积累相关的国际化经验、积聚相关的国际化资源、提升相关的国际化管理能力、培养相关的国际化人才、减少相关的国际化决策风险、提高国际化市场拓展失败的承受能力。对此，张瑞敏说道："海尔国际化战略能否成功，主要是靠每一个海尔人的国际化，有了每一个人的国际化才能保证海尔集团的国际化。"

1 王静.海尔，内外兼修的国际化之路[J].国际品牌观察，2019（03）：17-18.
2 阮氏恒海.中国企业在越南经营的案例研究[D].华东理工大学，2013.

◎ 拓展海外市场的动机

数百年来，当中国商人积极拓展国际市场时，主要的模式就是拓展贸易渠道，即使在改革开放后，诸多中国企业的早期国际化阶段，同样是以直接出口模式为主。

但随着中国制造在全球的崛起，中国企业直接出口的国际化市场拓展模式开始遭到越来越多反倾销、技术壁垒和绿色壁垒等种种关税和非关税壁垒的限制。[1]为了破解中国企业海外市场拓展遭遇的难题，中国企业凭借在生产制造、全球供应链、技术工人等方面的优势，积极地在海外当地市场进行本土化生产，并通过合资、绿地投资、并购等模式建立相关的海外生产基地、销售渠道和品牌。

中国企业在拓展海外市场时，其自身的功能定位或投资动机有所偏重，其策略也有所不同。一般地，中国企业拓展海外市场的动机无外乎以下四个：

第一，资源动机。在海外市场购买中国本土稀缺的如铁矿、油气、煤矿、铜矿等战略资源。例如，中国铝业携手美铝曾以约140.5亿美元合作收购力拓英国公司12%的股份，并持有力拓集团（Rio Tinto Group）9.3%的股权。中国铝业公司的海外市场拓展，一个重要的战略意图就是更好地维护生产原料来源的稳定及充分利用原料生产国的资源和加工优势，提升中国企业的国际竞争能力。

第二，效率动机。在一体化的全球生产价值链体系中，中国企业试图合理地配置价值链的各个环节，以此来实现自身企业的效率最大化。例如，海信（Hisense）并购韩国大宇集团（Daewoo）位于南非的生产厂房，其后购置了先进的生产设备，由此增强了海信在南非的生产能力和竞争优势。

第三，市场动机。一些中国企业的国际化，目的是占据和扩大海外市场。这些中国企业一旦进入海外市场，就可以规避进口管制、技术标准、安全政策等关税和非关税壁垒，同时更好地开拓和占领国际新市场。例

1 杨波.中国企业海外建厂，怎么建[J].市场研究，2011（05）：48-53.

如，海尔并购三洋白电，就是看中了日本高端的洗衣机市场。

第四，战略资本动机。在国际化市场拓展中，配置全球化的供应链资源必须建立在同一区位上。例如，海尔与三洋集团共同成立了销售的合资公司，该合资公司既可以在中国市场销售三洋的有关产品，也可以同时在日本市场销售海尔产品，实现跨国渠道和销售网络的共享。

鉴于此，中国企业只有明确拓展海外市场的真实动机，才能科学地、合理地选择进入国际化市场的拓展模式。反观海尔，海尔在国际化市场的拓展过程中，先是通过出口销售模式，探索市场潜在的产品需求，然后以市场为基础，再创建工厂。此外，海尔先拓展发达国家市场，其后才进入发展中国家市场。最后，海尔在美国创建工厂，创立海尔品牌，以此为根据地有效地拓展欧洲市场。与此同时，海尔在海外建厂有效地规避了各种关税和其他壁垒。例如，海尔把约旦合资工厂生产的产品投放到伊拉克、埃及、利比亚。由此不难看出，海尔拓展海外市场的主要目的不是创汇，而是创牌。

20世纪90年代，海尔拓展美国市场时，主要以出口冰箱为突破点。起初海尔实行贴牌生产（Original Equipment Manufacturer，简称OEM）的模式。1991年，海尔第一批246台小冰箱出口到美国市场。在当时，海尔出口的冰箱产品只是贴牌生产，当然美方也就不可能让海尔打出自己的品牌。同年，海尔冰箱出口量达到1000台。

1992年9月，海尔通过ISO9001国际质量体系认证，标志着海尔已成为合格的世界级供应商。美国企业也看到海尔的供货能力和产品品质，继续要求向海尔订购相关产品。由于海尔拒绝继续贴牌生产，美国企业不得不提价。

面对贴牌生产的现金流诱惑，张瑞敏还是抵制住了。其后，海尔启动了自身的品牌拓展国际化市场之路。众所周知，从1到N，最难的是在海外坚持创自己的品牌，而不是为国际名牌代工。张瑞敏说道：如果海尔也做代工，可以多做两三百亿收入，但我们咬牙要做全球白电的第一品牌。最低谷的那一年，整个集团利润率只有1.2%，坚持到现在，很多产品利润率都达到10%，就是因为有自己的品牌。"

回顾海尔的国际化市场拓展战略初衷，绝不满足做一个"贴牌生产商"，尤其是在张瑞敏看来，把海尔打造成为世界品牌，不仅是一种使命，更是提升"Made in China"的具体表现。

除了拒绝代工，海尔还拒绝了美国企业并购海尔的建议。2020年11月3日，海尔集团品牌管理部总经理王梅艳在"2020中国企业海外形象高峰论坛"上介绍称，1992年，美国百年品牌GE想要收购海尔，但秉承自主创牌初心的海尔没有同意他们的收购。24年后的2016年，海尔反而兼并了GE的家电业务，还通过人单合一模式的融合与复制，让GE家电重新焕发了活力。2020年上半年，在美国家电行业整体下滑5.4%的情况下，海尔在北美市场同比逆势增长6.5%。

基于此，海尔的国际化决策绝不是拍脑袋的结果，而是海尔自身发展的必然趋势。究其原因，经过张瑞敏的励精图治，海尔在中国本土市场的规模优势已经显现。当海尔做强、做大之后，海尔接下来的战略就是国际化。

在当时，与其他中国企业不同的是，海尔拓展海外市场的主要目的不是创汇，而是创牌，尤其是创造出一个来自中国的世界名牌。

1998年，海尔提出自己的国际化战略目标——自主创牌。1998年海尔销售收入为108亿元，其中出口6000万美元；1999年销售收入为212亿元，出口1.38亿美元；2000年销售收入为406亿元，出口2.8亿美元；2001年销售收入为600亿元，出口4.2亿美元。[1]这组数据已经说明，海尔在国际化市场的拓展上已经初见成效。

对于此阶段的海尔来讲，创立"海尔"名牌已经是大势所趋。对此，2017年12月26日，张瑞敏在"海尔创业三十三周年研讨会"上说："在海外我们一直坚持创自己名牌，而不是为名牌代工。到今天为止，可以看出来，中国家电在世界上占一半，但自有品牌不到3%，这3%里头80%以上是海尔的。因为很多企业都是靠给别人代工。国际上普遍认为企业在母国之外创出名牌的话，至少要亏损八年。很多企业觉得自己为什么要亏损，给他人代工，现金流、利润都有保证。但是当时海尔决心亏也要亏出一个世界名牌来，海尔贴了数不清的钱，挺过了最低谷的年代，咬牙创出这个名

1 不断地打倒自己——张瑞敏的质量观[J].巴蜀质量跟踪，2002（01）：48-49.

第六章 海尔中国造

牌来。"

在此战略下，海尔在国际化路径中始终坚持以自有品牌为目标。为了打造海尔自己的品牌，海尔实施"先难后易"战略和"三步走"措施。王梅艳介绍说道："海尔全球化的创新实践，总结起来就是'三步走'：'走出去''走进去''走上去'。'走出去'是指进入海外主流国家和市场；'走进去'是指通过设计、制造、营销三位一体，进入海外主流渠道，销售主流产品；'走上去'是指要通过开发整合、资源互换等，真正成为当地用户喜爱的品牌。"[1]原因是，品牌是国际化市场拓展的通行证，甚至还关乎海尔自身品牌能否得到国际市场的认可。

鉴于此，海尔在海外市场积极打造知名品牌的同时，也在全球范围内进行相关的品牌整合，使其成为不同主流市场的主流品牌。

在有效的整合中，张瑞敏整合了海尔、美国通用电气家电（GE Appliances）、新西兰斐雪派克（Fisher & Paykel）、卡萨帝、统帅、日本AQUA等品牌，打造了以海尔为圆心的"世界第一家电集群"，真正地实现了从海尔单一品牌的全球化到多品牌全球化，以及由单一品牌覆盖全球市场，到多品牌协同满足全球市场不同需求的跃升。如今，在海尔的海外收入构成中，自主品牌占比接近100%，在全球160个国家和地区均是自主品牌。[2]2022年9月22日，世界品牌实验室发布2022年《亚洲品牌500强》排行榜，这是世界品牌实验室第17次对亚洲品牌的影响力进行评测，丰田、国家电网、腾讯、海尔、中国工商银行位列前五。其中，海尔连续17年入榜，以唯一物联网生态品牌蝉联第四名。

1 王哲.海尔集团王梅艳：中国品牌是怎样闪耀全球的[J].中国报道，2020（11）：22-23.
2 王静.海尔，内外兼修的国际化之路[J].国际品牌观察，2019（03）：17-18.

◎ "先有市场，再建工厂"

在中国企业的国际化进程中，一直崇尚"农村包围城市"的战略路径。然而，海尔却是一个例外。海尔在拓展国际化市场时，与大多数中国企业的国际化路径相反，选择以"城市包围农村"的模式，先从最难突破的欧洲、美国市场开始，然后再迅速地确立中国本土市场的领先地位，同时占领制高点。

当海尔出口的产品达到一定的规模后，尤其是树立一定的市场知名度后，才开始创建工厂，以此实施美国、欧洲的设计、制造、营销"三位一体"的本土化战略，开启了"先有市场，再建工厂"的国际化战略引擎。

所谓"先有市场，再建工厂"，是指先通过自家的海尔产品打开并拓展海外市场，当海外某个市场的订单需求达到一定规模时，海尔凭借这样的市场基础再去创建工厂。该模式实施的前提取决于海外市场的拓展程度，通常不会先创建工厂，尤其是不会在没有市场规模的区域去创建工厂。

2011年12月8日，时任海尔全球品牌运营总监张铁燕在接受《中国经济时报》采访时回忆说道："'十二五'期间，海尔的目标是'3个1/3'——1/3内产内销，1/3内产外销，1/3外产外销，现在外产外销只占到26%，还有一定差距。未来，海尔将专注于提升海外生产制造基地在全球化业务布局中的影响力，并促进海外产品向高端市场发展。其中，我们很关注新兴市场的发展，在拉美，海尔在委内瑞拉投资建立的工业园已经启动，……，总产能设计150万台，涵盖冰箱、空调、洗衣机、彩电等6个产品线。"[1]与此同时，海尔在美国建厂的又一个诱因是，20世纪90年代，美国市场不断地设置贸易壁垒和技术壁垒，直接影响海尔冰箱产品在美国市场的拓展。1992年，海尔工业园的建立以及之后的全球十个工业园，尤其是美国工业园的建立，都是这一理念的印证。对于美国市场，不管是海尔，还是美国的经销商，都乐观地认为其有巨大的潜力。1999年4月，美国海尔工厂在

---

1 陈军君.海尔海外扩张：先市场后工厂——对话海尔全球品牌运营总监张铁燕[N].中国经济时报，2011-12-08.

第六章 海尔中国造

97

南卡罗来纳州破土动工时，美国海尔家电经销商 M 先生说道："海尔冰箱已经在美国占有很大的市场份额，所以我相信海尔在美国建厂一定能够成功！"

M 先生的观点源于其对海尔产品的认可。1994 年，M 先生开始经销海尔冰箱。起初，M 先生仅仅只经销海尔 BC–110、BC–50 两种型号的产品。

在经销海尔产品时 M 先生发现，海尔生产的个性化的产品不仅可以满足不同阶层的需求，尤其是他销售的这两种型号的冰箱设计符合年轻人的品位，且节省空间，耗电量低。经过努力拓展市场，M 先生最终不但将两种型号做成了全美冰箱销量冠亚军，而且 180 升以下的冰箱在美国的市场占有率达到 33%。[1]

经过几年的深耕，海尔在美国市场取得"开门红"。2000年，为了更好地拓展美国市场，海尔在美国市场创建"海尔美国有限责任公司"，同时还投资创建"海尔美国生产中心"。

当然，之所以海尔能够创建海尔美国公司，是因为海尔已经积累了较多的有关美国市场拓展的经验。从产品品种上看，海尔先以主打产品"冰箱"进入市场，然后逐步开始多元化的发展，在海尔冰箱工厂周围还留有足够的地皮供工厂生产空调、电视、洗衣机使用。[2]鉴于此，海尔才到美国建厂，实现海尔生产制造品牌本土化。在当时，中国一部分媒体质疑海尔在美国创建工厂，批评的理由无外乎是其风险过大。《提醒张瑞敏》一文就指出，海尔放弃中国的廉价劳动力，到美国这样工会势力强大，劳工成本、设备等昂贵的市场创建工厂，其风险太大。

该文写道："海尔总裁张瑞敏与惠普总裁普莱特在青岛'坐而论道'，张瑞敏告诉普莱特，海尔过去有些决策风险也很大，但那时有详细分析，所以没有发现大的问题。《中国企业家》驻美记者却提醒张瑞敏：中资企业在美投资有太多的困难、太多的教训，异国投资风险巨大。海尔在美国投资数千万美元开办冰箱厂，是否已将这一切考虑在内？"[3]这样的

1 韩正忠.海尔在美国成功的奥秘[J].云南科技管理，2002（02）：37-40.
2 谢佩洪，朱一.海尔集团的品牌国际化升级路径[J].清华管理评论，2018（12）：53-61.
3 李亚平.提醒张瑞敏[J].中国企业家，1999（07）：50-51.

告诫是善意的，美国的优势在于科学与技术的领先，而中国的优势在于广阔的市场和低廉的成本。另外，美国的法律和非关税、非贸易壁垒十分复杂，海尔在美国市场上将面临一场完全谈不上势均力敌的战争。但是对于海尔来讲，到美国创建工厂虽然存在一定风险，但是不创建工厂，其风险更大。原因是，到美国设厂的风险是海尔创造世界名牌过程当中所必经的风险，是寻求生存和发展机会当中的风险，经历了这个挑战自我的风险，海尔就通过了新的磨炼和考验，变得更加成熟；但是不到美国设厂的风险是一种必死无疑的风险，意味着企业不可能走出去，永远不可能走出去，永远不可能长大。[1]

一直以来，中国企业凭借低廉的人力资源成本优势，在中国本土与跨国企业的竞争中，甚至在国际市场竞争中屡屡获益。随着中国加入世界贸易组织，在世界贸易组织的框架下，中国市场渐变红海，反而被深蓝国际市场所替代。此刻的海尔，已经没有退路。

负责海尔海内外市场的副总裁周云杰回忆说道："海尔的每一次战略调整都是对机遇的把握，这次也不例外。"

1998年前，正值中国复关谈判的紧要关头，一旦中国放开市场，跨国企业的品牌进入中国市场将是大势所趋，虽然海尔冰箱在当时已成为中国第一品牌，但是与跨国企业相比，海尔还有很长的路要走。张瑞敏说道："我们如果不走出去的话，就被动了。在国内市场成为第一了，再增长的空间受到限制，需要走出去拼杀。"

在对国际化路径的探索中，为了解决缺乏资金、技术等实力有限的问题，解决直接到国外办厂风险太大又缺乏国际化经营管理的经验问题，海尔在1995年创建香港贸易公司，凭借香港"世界最自由经济体"的优势，一方面出口产品，同时也为海尔在国外市场创建工厂打下坚实的基础。

此阶段是海尔海外创建工厂的一个过渡阶段。当然，海尔拓展美国市场，其意义就十分重大。据张瑞敏介绍，海尔有三个目标：第一是通过生产当地化，避开美国对华的进口壁垒和非关税壁垒；第二是积累成为全球

1 党书国.海尔管理模式全集[M].武汉：武汉大学出版社，2006.

性企业的经验；第三是提高研究开发水平。总而言之，如果进入美国市场能够获得成功，海尔将成为名副其实的跨国企业。

　　2011年12月8日，时任海尔全球品牌运营总监张铁燕在接受《中国经济时报》采访时说道："目前海尔的海外市场主要分布于美国、欧洲、非洲、亚太等区域。2010年，海尔集团全球营业额为1357亿元，其中海外市场销售占到26%。2011年，海尔欧洲市场增长40%；美国市场与去年持平；日本市场预计今年销售100亿日元，同比增长20%；在巴西，海尔空调市场占比达40%左右，位列市场第一，洗衣机及冰箱也分列市场第二及第三。今年（2011年）1–3季度，海尔整个海外营收增长20%。"[1]

1　陈军君.海尔海外扩张：先市场后工厂——对话海尔全球品牌运营总监张铁燕[N].中国经济时报，2011–12–08.

◎ "国际化的思维，当地化的行动"

1997年3月，出席上海国际商会的张瑞敏讲道："海尔一直注重于'国际化的思维，当地化的行动'，企业的发展一定要把全球作为市场。"由此确立海尔"3个1/3"的全球化市场战略格局，即：国内生产、国内销售1/3，国内生产、国外销售1/3，国外生产、国外销售1/3。

在张瑞敏看来，海尔就是由分散在世界各地本土化的海尔组成，最终实现打造世界主流名牌的目标。截至2001年，海尔在国际化方面取得较为理想的战绩，不仅在美国、马来西亚、印度尼西亚、伊朗、菲律宾、南斯拉夫等13个国家建立了海尔的工厂，同时还真正地实现了本土化的生产和销售。

2002年11月，《深圳商报》报道称，美国海尔工厂2000年已经投产，2001年，美国海尔全年的营业额预计将超过1.5亿美元。美国松下在美国的营业额达到1.5亿美元用了10年时间，海尔只用了3年。近年，海尔在欧洲市场的发展也十分迅猛，3年增长了15倍。2001年6月，海尔还首次跨国并购了意大利一家工厂，继美国海尔之后，在欧洲实现了三位一体的本土化经营的目标。按照这一原则，海尔2001年还投资建立了巴基斯坦工业园、孟加拉国工厂。[1]同年，海尔的主打产品冰箱、冷柜、空调、洗衣机的出口量均占到总产量的20%。按照这样的步伐，海尔离3个1/3的战略目标已经越来越近了。

2020年11月3日，海尔集团品牌管理部总经理王梅艳在"2020中国企业海外形象高峰论坛"上说道："经过多年创新实践，海尔在品牌全球化方面取得了诸多成果。我将这些成果总结为三大创新标杆：品牌标杆、标准标杆和模式标杆。"

王梅艳具体地介绍说：从品牌标杆维度来看，海尔已经从世界第一家电品牌转型为全球唯一物联网生态品牌；在标准标杆维度，海尔实现了从科技标准到品牌标准的全面引领；模式标杆指的是海尔的人单合一模式，

1 大漠.冲刺500强再添硬指标 海尔全球营业额突破600亿[N].深圳商报，2002-11-11.

第六章 海尔中国造

海尔希望通过人单合一模式的不断探索和复制，创世界级物联网模式的"中国样板"。"我们正从制造大国向品牌强国迈进，这是时代赋予企业的使命。希望通过海尔的创新实践，能够为行业、为国家品牌建设带来更多的借鉴和新动能。"[1]

在王梅艳看来，建设品牌强国，海尔希望携手更多优秀的中国品牌一起走向世界。鉴于此，在中国企业拓展国际化市场时，必须搞清楚"全球化"和"本土化"的关系。张瑞敏说道："海尔的观念是思路全球化，行动本土化。"

海尔在美国市场本土化战略中，布局如下：第一，在洛杉矶（Los Angeles）设立"海尔设计中心"。洛杉矶位于美国加利福尼亚州西南部，是美国第二大城市，也是美国西部最大的城市，常被称为"天使之城"（City of Angels）。洛杉矶面积约1215平方千米，城市中心坐标为北纬34°03′、西经118°15′。2019年全市拥有约408.67万人口，地区生产总值7109亿美元。洛杉矶是美国重要的工商业、国际贸易、科教、娱乐和体育中心之一，也是美国石油化工、海洋、航天工业和电子业的主要基地之一。洛杉矶还拥有许多世界知名的高等教育机构，包括加州理工学院、加利福尼亚大学洛杉矶分校、南加利福尼亚大学、佩珀代因大学等。第二，在纽约创建"海尔美国贸易公司"。纽约是美国第一大城市，位于美国东北部沿海哈得孙河口，濒临大西洋，属温带大陆性湿润气候。总面积1214平方千米，下辖5个区，市政厅驻曼哈顿市政厅公园内。2021年，总人口约882.35万人。纽约市是美国的经济、金融、商业、贸易、文化和传媒中心，是世界三大金融中心之一，华尔街被称为美国经济的晴雨表。2021年，纽约市地区生产总值为15983.9亿美元，位居全球第一，人均地区生产总值为18.12万美元。第三，在南卡罗来纳州设有"海尔生产中心"。南卡罗来纳州是美国东南部7州中的一个州，北和东北接北卡罗来纳州，东南临大西洋，海岸线总长4200千米，西南界佐治亚州。全州轮廓呈三角形。面积80432平方千米，在全美50州中列第40位。2021年，总人口为519.32万。

---

1 王哲.海尔集团王梅艳：中国品牌是怎样闪耀全球的[J].中国报道，2020（11）：22-23.

按照战略规划，海尔在美国市场打造了集设计、生产、销售三位一体的战略格局。为了更好地针对美国市场需求，尤其是在快速变化的市场环境中研发和设计新产品，海尔需要美国市场需求的信息反馈。例如，在美国市场销售的海尔"大统帅"BCD-275冰箱，其外观、制冷能力、使用习惯等，都是按照美国顾客的使用习惯设计、开发和制造的。

　　可以看出，海尔之所以能够在国际化战略中取得较好的战绩，是因为海尔坚持自身的本土化产品研发、设计和生产。除了冰箱外，海尔酒柜也是本土化战略的另一个例子。据了解，海尔酒柜不仅拥有靓丽的外观，同时还把磨砂玻璃门、曲线造型、顶部灯光及滑动式镀铝食品架进行巧妙的设计。该产品售价400美元左右，投放市场后，赢得美国消费者的认可。

　　从研发、设计到投放市场，海尔（美国）研发部门用时不到一年。不管是海尔美国贸易公司，还是海尔生产中心，其人才都尽可能地本土化。例如，海尔美国贸易公司，是海尔与美国北美电器（Appliance Co.of America，简称ACA）共同组建的一家合资公司，海尔占有多数股份，而北美电器持少数股份。虽然如此，但是该公司的管理权，却交给拥有相关产业经验和开拓能力的本土管理者。

　　正因为如此，海尔凭借本土化战略撬开了美国市场，同时也取得丰硕的成果。从早期的向美国市场出口销售海尔冰箱，到海尔冰箱成为美国本土市场的冰箱品牌，只有短短的几年时间。

　　在销售渠道上，海尔选择与美国零售商沃尔玛（WalMart）展开战略合作，以此渠道销售海尔空调和两种小型号的海尔冰箱和海尔冷柜，并与海尔签订了100000台冰箱的订购合同。经过在美国本土市场的拓展，海尔冰箱在美国同类型号的销量中占有三分之一的市场份额。海尔的窗式空调已占美国市场的3%。[1]

　　此外，除了沃尔玛这样的渠道，海尔还与美国梅西百货公司（MACY'S）合作，由此打破梅西百货30多年不经销家电产品的纪录。当然，梅西百货打破惯例说明，凭借高品质的海尔冰箱产品，其销量应该是

1 韩正忠. "海尔·美国造"[J]. 决策与信息，2002（02）：30-32.

第
六
章
海
尔
中
国
造

不会低的。据当地权威机构调查，海尔冰箱中的两个型号的小冰箱在美国市场同类产品的销售 额分别居第一、第二位。[1]美国梅西百货公司历史上曾因顾客需求的变化，调整自身的经营策略，其后的30多年内，放弃了经销家电产品。

但海尔家电产品在美国市场上的卓越表现，吸引了美国梅西百货公司。其后，美国梅西百货公司开始在纽约曼哈顿分店分销海尔小型号冰箱，由此海尔小冰箱与美国梅西百货公司开始合作了。2001年，前往美国沃顿商学院讲课的张瑞敏讲道："今年（2001年）我们在美国市场上可达到1.5亿美元的销售额。今年（2001年）4月份我去沃顿商学院讲课，那儿的教授告诉我，海尔企业和日本企业在美国一样都很成功，但是速度是不同的，海尔要快得多。他说松下1951年向美国出口第一台收音机，到1969年达到1.5亿美金的销售额，他们以为这个速度已经很快了。海尔1991年开始向美国出口冰箱，到今年（2001年）可达1.5亿美金。"

张瑞敏解释说道："实现这个速度，一方面是信息系统的支持，更重要的原因是我们美国公司的雇员，从总经理到普通员工都是美国人，实现了本土化。这对信息化系统也很有好处，不是中国搞一个信息化系统要他接受，而是非常信息化的系统要和你对接，你必须达到那个水平才能更快地发展。我们自己提出一个口号，就是从海尔的国际化到国际化的海尔。"

在张瑞敏看来，海尔的国际化就是海尔的各项标准都达到国际化标准、国际化要求。但是国际化的海尔就不同了，就是一定要达到本土化的海尔。加入WTO（世界贸易组织）后，如果你不是本土化，而仅停留在出口上，风险是很大的。张瑞敏说道："所以我们坚持'三位一体'：当地设计、当地制造、当地销售；从'三位一体'再上升到'三融一创'，就是当地融资、当地融智、当地融文化，创本土化世界名牌。"

据张瑞敏介绍，所谓当地融资就是要求美国的海尔公司一定要在三年内在美国纽约上市，上市后，产品市场、资本市场都是美国化的，也可以利用美国的资金来运作美国的市场，最后得到的是自己的品牌。当地融

---

1 沈镕荣，王爽瑶，康森.海尔集团的国际化之路——以海外投资为例[J].现代商业，2017（25）：114-115.

智是利用当地的人力资源，即利用当地人力资本做海尔的品牌。当地融文化，这不是企业信息化能解决的，这是一个创新的问题。在本土化的问题上，如果文化不相融，他不能接受你的文化就很难推进。曾有媒体发表一篇文章《提醒张瑞敏》，文中说中国企业到美国去没有成功的，海尔也不一定成功。[1]针对媒体的质疑，张瑞敏认为，该文作者是善意地提醒。张瑞敏说道："其实我们在美国遇到的问题比他想象得更多。在这个过程中，我们不是迁就美国人，而是一定要让美国人接受海尔文化。现在我们在全球各地的工厂的车间里都有6S大脚印。在美国，开始有人接受不了，我们就和他沟通。美国人的价值观是个人英雄主义，而海尔的价值观是创新，在这一点上我们有共同之处。那我们就谁干得好谁站在上面，结果每个人都想站在上面。两个民族的文化相差很大，如何把两者结合起来是关键。如果做不到文化的相融，那么你花再多的钱也不行。"

据张瑞敏介绍，2001年，海尔在国外有12家工厂、两个工业园——美国工业园、巴基斯坦工业园，这些制造方必须和海尔总部联网，海尔总部必须每天知道他们的运行情况——产量、质量、销售等情况，否则海尔在世界各地的制造商出现问题将是非常麻烦的。张瑞敏说道："在国内的制造商出现问题，我们可以马上处理；但是在国外，比如在美国，如果没有信息化系统，就很难控制和了解真实的情况。当然不是为了简单控制，而是为了创造市场来做这个工作。我们在全球共有53000个营销网点，其中海外占一半以上。这些网点的管理都是靠每天的信息网络来做的。"

梳理发现，海尔之所以积极地拓展全球市场，一个重要的诱因就是中国加入世界贸易组织，由此引发中国企业没有海外本土市场根据地的忧虑。张瑞敏直言："加入WTO之后，中国的家电企业面对的挑战比加入WTO之前还要大，因为外国人对中国企业有两个撒手锏，第一个是反倾销，第二个就是建立非关税的贸易壁垒，提高技术门槛——不是不让你进，是你进不来。像现在的欧盟，中国电视机根本进不去，因为收你40%的反倾销税，凡是中国产地的都不能进。我们在美国市场就有这种感觉，

1 张瑞敏.张瑞敏：从海尔的国际化到国际化的海尔[N].北京青年报，2001-12-07.

第六章 海尔中国造

它的能耗标准每两年提高一次，比如2000年就公布了2001年的能耗标准。而且每次都提高很大。对一个企业来讲，达到它的能耗标准要费很大的劲。但如果你不努力地去做，即使关税很低你也进不去。"[1] 针对反倾销和贸易壁垒问题，海尔的应对策略是一定要到海外建立工厂。张瑞敏说道："我们的目标是在世界上最大的10个经济合作区域，像欧盟、东盟、海合会、南部非洲发展共同体等，都建立工厂。在区域经济合作组织里可以互减或互免关税。如果你不到那里去，随便一个反倾销对你的出口都会非常麻烦。现在，我们在东南亚有东南亚海尔，实际上是在东南亚地区包括印尼、马来西亚、菲律宾等都建有工厂。"

张瑞敏举例称，例如在印尼建立了一个冰箱厂，生产出的冰箱就可以销售到东盟各个国家；在马来西亚建一个洗衣机厂，生产的洗衣机就可以销售到东盟各个国家，这样就可以享受到当地的优惠政策。

此外，海尔到发达国家建厂，可以获取先进的技术。张瑞敏说道："有些人认为美国都到中国来建厂，你跑到人家美国建厂，肯定是得不偿失。美国当地的工资确实很高，我们选择的还是美国工资不是太高的一个州，但一个没有任何技术的工人每小时也得10美金，比中国高得多。但我们采取的是逆向思维——美国可以到中国来设厂，它有技术、有资金，唯一缺的就是廉价劳动力。如果我们在中国设厂，中国有的就是廉价劳动力，但其他的技术、资金还是没有；我们到美国去设厂，虽然劳动力价格比较高，但我们的目的是获取先进的技术，而且还可以在当地融资。"[2] 在张瑞敏看来，海尔的国际化策略还是源于需求。为了更好地拓展欧洲市场，海尔并购了一家意大利工厂，这是继海尔在美国创建工厂之后，真正地实现了三位一体的本土化经营目标。

对于对欧洲市场的拓展，张铁燕在接受《中国经济时报》采访时说道："应该与我们海外市场开拓'先难后易'的策略有关，先期将硬骨头啃了，提高了海尔的市场能力，对此后启动新兴市场帮助极大。此外，在20世纪90年代初，海尔就提出'海外创牌'而非'海外创汇'的理念，也

1 张瑞敏.张瑞敏：从海尔的国际化到国际化的海尔[EB/OL]，（2001-12-07）[2023-10-27].http://economy.enorth.com.cn/system/2001/12/07/000211077.shtml.

2 张瑞敏.张瑞敏：从海尔的国际化到国际化的海尔[N].北京青年报，2001-12-07.

对现今的发展起了重要作用。在此理念下，海尔在海外市场力求'三位一体'。以欧洲市场为例，2001年6月19日，海尔并购了意大利迈尼盖蒂冰箱工厂，加之海尔在法国里昂和荷兰阿姆斯特丹的设计中心，在意大利米兰的营销中心，海尔在欧洲实现了'三位一体'的本土化经营。这也是今年（2011年）海尔在欧洲市场实现增长的原因所在。"[1]客观地讲，海尔之所以重视本土化战略，是因为在不同的国家，其经济发展水平、消费能力、文化教育等方面差异较大。张铁燕介绍道："针对不同地区，我们会分别采取'走进去'和'走上去'两种打法。在欧洲，我们是'走上去'，高端三门冰箱占据了产品总量的70%，价格在699～1200欧元，洗衣机也主推诸如杀菌能力达99%以上的高端产品，价格定位为899～1000欧元；在澳大利亚及新西兰，则着意塑造海尔的年轻品牌形象，以价位中端的产品吸引年轻、时尚的人群。"

在这样的背景下，企业提供的某款产品、某种服务、某项解决方案无疑不可能满足所有人的需求，要想解决区域市场的需求问题，就必须"思路全球化，行动本土化"。除了生产基地及产品之外，海尔在海外市场营销层面也做了相关的改变。张铁燕直言："已经在做潜移默化的改变，为了适应互联网、适应年轻消费者，2010年海尔在欧洲展开数字化营销，不到4个月，当地Facebook（脸谱网）粉丝突破4万，品牌影响力全面提升。"

2017年9月6日，《中国经济时报》报道称，德国顶级工业设计师托斯顿·雷德利希（Torsten Redlich）在参观海尔展区后说道："海尔以一种一流品牌矩阵的姿态亮相IFA展，不仅代表着全球家电最高端品牌集群的出现，更代表着中国企业拥有了一个真正实现全球化的标杆。"

海尔之所以能够得到如此高的评价，缘于其全球化战略布局。据欧睿国际统计，中国白色家电的产量占全球的49.1%，但在海外，家电中的中国品牌只占2.89%。而其中，海尔品牌独占海外中国家电品牌的86.5%，并且其自主品牌占比达到100%。也就是说，海外每销售10台中国品牌的白色家电，就有8台来自海尔，并且是海尔的自主品牌，而不是贴牌。海尔坚守自

1 陈军君.海尔海外扩张：先市场后工厂——对话海尔全球品牌运营总监张铁燕[N].中国经济时报，2011-12-08.

主品牌发展路径，成为真正实现全球化破局的中国企业。[1]因此，海尔在国际化战略中提出独特的"三位一体"本土化拓展模式，即产品的"设计、制造、营销"本土化，以此满足本土顾客的多元真实需求。

不管是产品设计，还是制造和营销，都必须利用本土的人力资源和资本资源，把融资和融智有机地结合起来。2020年11月3日，海尔集团品牌管理部总经理王梅艳在"2020中国企业海外形象高峰论坛"上介绍称，2007年，海尔在泰国建的空调工厂，是东南亚规模最大的白电三位一体基地，海尔空调借此成为唯一打破日韩系在泰国垄断的中国自主品牌。王梅艳说道："因为疫情原因，用户对健康类家电的需求强烈，海尔把全球首创的体验云众播复制到泰国，为泰国用户提供衣物消毒场景体验。通过不断创新，海尔在泰国连续9个月实现30%高速增长。" 2020年，海尔已经在全球构建了七大高端品牌矩阵，深入160多个国家和地区，服务超过10亿家庭。[2]鉴于此，海尔在国际化过程中通过创建技术开发中心、生产基地和贸易公司等模式，来实现人才、营销本土化。在此思想的指导下，海尔以市场为前导，以产品的"设计、制造、营销"本土化为后盾，拉开了在全球创建研发中心的序幕。

2017年9月6日，《中国经济时报》报道称，对于海尔来说，全球化的意义不是在于在全球寻找产品市场，而是一种整合全球资源的能力。如何响应全球用户和需求，从而实现品牌本土化，进而探索出一条未来的模式和发展路径，才是海尔的重点考量。其做法有如下几个：

第一，海尔一步一个脚印地整合海外资源。2011年10月，海尔收购日本三洋白电。2012年9月，海尔收购新西兰Fisher&Paykel。2016年，海尔在俄罗斯建立了冰箱生产基地，同年，海尔整合并购了美国GEA。

第二，海尔深度布局全球研发、服务、制造等全产业链。截至2019年3月，海尔已经在美国、德国、新西兰、日本、墨西哥、韩国等地创建了10个研发中心，由此打造海尔"10+N"的产品研发体系，基本实现"需求在哪里，研发就在哪里"；而通过海尔全球建立的24个工业园、108个制造中

1 陈凌馨.海尔正实现全球品牌全覆盖[N].中国经济时报，2017-09-06.

2 王哲.海尔集团王梅艳：中国品牌是怎样闪耀全球的[J].中国报道，2020（11）：22-23.

心、66个营销中心，海尔可以快速以本土化产品满足当地市场需求。不仅如此，海尔在海外还拥有19个呼叫中心，有5600家网点、12000多名工程师，覆盖全球6大洲40个国家，支持27种语言32个产品大类，可以为全球用户提供24小时全天候服务，基本完成了"三位一体"的战略布局。[1]纵观海尔的全球化市场拓展，张铁燕坦言："我们有三点切身感受，一是要持之以恒地投入、运营；二是要时刻创新，特别是产品创新，寻求差异化；三是要当地化运营，以扎根的态度，融入当地市场。"

《中国报道》报道称，2019年6月5日，时任海尔集团总裁周云杰在中俄两国元首的见证下，与俄方代表签署意向协议，将在俄罗斯切尔尼市建立海尔工业园和智能工厂。2019年海尔在俄罗斯建成并开业的海尔洗衣机互联工厂，是海尔在欧洲的第一家互联工厂。海尔不仅全面覆盖了俄罗斯主流渠道，还实现了高速增长。"本土化最大的好处就是可以完美契合当地用户的需求。比如，俄罗斯用户衣物又大又厚，对此海尔推出了601毫米大筒径洗衣机，针对俄罗斯人身材高大，海尔推出了2米高的冰箱。"王梅艳说，2020年前9个月，即使受疫情影响，海尔在俄罗斯累计收入仍同比增长26%。

---

1 王静.海尔，内外兼修的国际化之路[J].国际品牌观察，2019（03）：17-18.

Haier

◎ 体育营销国际化

20世纪80年代，一些跨国企业发现了体育营销的巨大品牌塑造能力。1988年9月17日，第二十四届奥林匹克夏季运动会，在韩国首都汉城（现名首尔）揭幕。此届奥运会，美国可口可乐公司赞助费大约6亿美元。

随着中国企业开始走向海外市场，一部分中国企业借力体育营销，达到期望的知名度和效益。对于体育营销，时任海尔集团媒介公关总监王梅艳在接受媒体采访时介绍称，体育营销作为企业营销活动的一种高级形式，在海尔品牌塑造中同样必不可少。作为中国的全球性企业，海尔集团致力传播"国际性、时代性、超值性"的品牌形象。而体育正是融合了生活的所有要素，能跨越种族、信仰、文化等障碍，是全世界可以共同交流的语言。所以，在一定程度上，体育营销成为海尔品牌传播中的必然之选，同时还必须本土化。[1]

2001年7月13日，这个夜晚让无数中国人格外难忘。在电视屏幕前，数以亿计的中国人等待时任国际奥委会主席胡安·安东尼奥·萨马兰奇（Juan Antonio Samaranch）对最后胜出城市的宣布。

此刻，一个划时代的决定将牵动着10多亿中国人的心弦。当萨马兰奇宣布"2008年奥运会的主办地——中国北京"时，绚丽的焰火缀满中国各地的夜空。在举国欢腾的时刻，"海尔祝贺中国申办奥运成功！"应景地出现在电视屏幕上。

2005年8月12日，海尔在青岛与北京奥组委签约，正式成为北京2008年奥运会白色家电赞助商。此刻的海尔，已经站在奥运营销的起跑线上。

而一年前，海尔在海外就已经开始发力体育营销了。2004年4月13日，海尔与澳大利亚墨尔本老虎篮球队签订冠名战略合作协议，该队正式命名为"墨尔本海尔老虎篮球队"。此外，海尔电脑还聘请澳大利亚篮球运动员安德鲁·盖茨（Andrew Gaze）作为产品形象代言人。之所以聘请安德鲁·盖茨，是因为他曾是NBA冠军戒指的拥有者、2000年悉尼奥运会篮球

---

1 潘友连.海尔集团体育营销及其对我国企业的启示[J].中国市场，2011（44）：27-28.

项目的得分王、当时澳大利亚成就最辉煌的篮球运动员之一。

　　此次体育营销是海尔在国际化市场拓展中一次大胆的尝试，因为这是海尔首次投入巨额资金尝试体育营销。在此后开始的2004年澳大利亚篮球联赛中，老虎队披着印有海尔LOGO（标志）的"战袍"一路征战，使得海尔在澳大利亚拥有了充足的曝光率。同时，以安德鲁·盖茨为代言人的海尔电脑赢得了澳大利亚本土消费者更多的关注。[1]在体育营销方面，海尔在澳大利亚的成功尝试，极大地增添了体育营销提升自身品牌美誉度和忠诚度方面的信心。其后，海尔强化体育营销的战略合作。2006年4月10日，海尔与美国职业篮球联赛（National Basketball Association，简称NBA）签订战略合作协议，宣布启动双方的市场战略合作。

　　海尔之所以赞助NBA，是因为NBA历经数十年的成功市场运作，该赛事不仅备受全球观众瞩目，同时也是美国本土最受欢迎的、收视率最高的体育赛事之一。此外，作为中国篮球运动员的姚明，此刻正成为NBA赛事的明星，中国观众的关注度较高。

　　2006年NBA的赛事直播中，就频繁地播放海尔的家电广告。值得一提的是，在公布合作协议的同时，海尔在美国推出了全新系列的高清电视，利用备受瞩目的NBA活动及广泛的NBA主题零售宣传活动展示海尔全新系列的高清电视及其他最先进的产品，其中甚至包括NBA电视（NBATV）的高清节目。

　　在体育营销的宣传上，海尔依旧坚持"思路全球化，行动本土化"的国际化战略。在区域市场营销推广上，海尔赞助澳大利亚的墨尔本老虎和美国的NBA。在全球化的品牌宣传上，海尔就借助奥运营销。

　　2005年8月12日，张瑞敏在海尔集团与北京奥组委签字仪式上的致辞中说道："海尔参与北京奥运会，是海尔企业文化和企业精神的必然选择。作为中国民族品牌的代表，海尔一直强调企业的社会责任感，2008年奥运会在北京举行，海尔积极参与，正是这种企业价值观的充分体现。"

　　在张瑞敏看来，"更快、更高、更强"的奥运精神，与海尔"不断挑

1　王席乐.开端澳洲 借力NBA 决战奥运会 海尔的体育营销"三级跳"[N].河南商报，2010-11-12.

海尔传

战自我，勇于突破，不断创新"的企业文化核心一脉相承。一方面，作为中国家电领导品牌的海尔，之所以能够赞助奥运会，是因为海尔能够代表白色家电产品及服务等的顶尖水平，同时也有能力为北京奥运会提供优质服务。另外一方面，诸多的跨国企业都把奥运营销作为自己的全球市场营销的一个手段。相关数据显示，与赞助普通体育项目相比，同样数额的资金赞助奥运会的效果要强三倍。

鉴于此，海尔赞助奥运会，启动自身的国际化营销战略。2005年11月，海尔凭借创新研发出的太阳能空调产品和长期在青岛发展所具有的地域优势，成功中标奥帆赛基地和其他奥运场馆的广告冠名权。据统计，海尔集团在奥运会中一共投入营销费用2.8亿元，其中包括了赞助费、产品配套费用、其他各类活动费用等。[1]事后证明，海尔赞助奥运会取得了较为理想的业绩。在奥运会之后，海尔的无形品牌及市场效应资产增长到132.8亿元，直接拉动产品的销售额达到了332亿元。

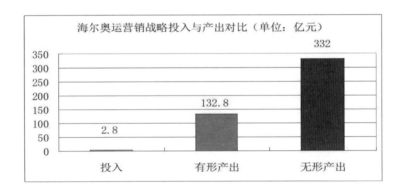

图6-1 海尔奥运营销战略投入与产出对比

此外，作为奥运会唯一白色家电赞助商，海尔赢得了众多的奥运工程订单及大量终端市场订单，给企业带来巨大的效益。2005年第一季度，海尔产品国内销售额同比增长18%，海尔整套家电成为拉动市场的增长的亮点，占国内所有产品销售额的25%；海尔冰箱、冷柜、波轮洗衣机、空调、热水器也分别以26%、55%、32.2%、18%、19.6%的市场份额稳居第一位。

---

1 刘春华.海尔奥运营销与软实力应用研究[D].山东：中国海洋大学，2010.

在北京，海尔对开门冰箱、三门冰箱占到了近50%的市场份额。2005年3月份，海尔电脑销售额和利润，增幅都超过了50%；海尔冰箱的销售额和利润也实现了两位数的高速增长。[1]当奥运营销在中国本土市场取得市场突破时，在国际化市场，海尔同样赢得顾客的认可。在俄罗斯市场，在"2007莫斯科中国国家展"上，作为中国自主品牌的海尔U-home，成为该展览唯一入驻展示中国整体形象的综合展区的家电品牌。同日，海尔举行"海尔俄罗斯牵手奥运"新闻发布会。

此外，海尔签约网球运动员米斯金娜代言海尔品牌，拉开了海尔在俄罗斯实施奥运营销、推进品牌升级的序幕。之所以签约米斯金娜，是因为2004年6月5日，她成为俄罗斯第一个大满贯赛女单冠军，同时亦是第一个法网女单冠军，其赛后的世界排名也历史性地上升到第3位，成为俄罗斯女选手有史以来在该项目的第一个世界前三在美国市场，本土化设计、生产的全球第一款能变温的海尔对开三门、四门冰箱，虽然售价2000多美元，但是凭借海尔自身的品质，赢得了美国用户的认可。

根据海尔官网介绍，从2007年8月第一批冰箱出口中东后，海尔印度工厂的海外拓展步伐不断加速。2008年2月，其又一次赢得中东消费者的青睐，在全球市场上，正成为一个被世界消费者信赖的全球化品牌。2008年初，中东客户又一次向海尔印度工厂下达了176个集装箱的订单。而类似的一幕一刻也没有停止过。[2]

凭借强大的资源整合能力，海尔产品也赢得了非洲市场的青睐。在2008年1月，远在非洲的尼日利亚客户也向海尔印度工厂下达了123个集装箱的大订单。经过多年的深耕，海尔冰冷曾在尼日利亚连续12年市场份额第一。中文科技资讯2017年10月16日数据显示，海尔在尼日利亚冷柜市场份额37%，冰箱市场份额35%，连续12年占据市场第一；海尔洗衣机在尼日利亚市场份额30%，连续4年位列第一；空调市场份额10%，位列第三。一位来自尼日利亚的客商称，"海尔在非洲地区，尤其是尼日利亚，属于最

1 夸克营销.国内体育营销经典案例：海尔奥运城市行[EB/OL].（2018-05-18）[2023-10-19].http://dy.163.com/v2/article/detail/DI357JKI0519WL6P.html.

2 海尔集团官网.海尔冰箱加速海外拓展步伐 赢得全球信赖[EB/OL].（2008-02-29）[2024-02-20].https://www.haier.com/press-events/news/20110601_135402.shtml.

第六章 海尔中国造

好的家电品牌之一。几乎所有的尼日利亚人都知道海尔。"[1]

与此同时，海尔印度冰箱厂又凭借最快的反应速度与品牌影响力，成为在印度市场唯一能给可口可乐、百事可乐两家世界饮料巨头制造冰箱的合格供应商。

正因为如此，海尔的销售收入逐年增长。海尔2005-2009年年报显示，海尔在2005年中标奥运场馆之后的净利润逐年稳定增长，由2005年的23913万元上升至2009年的114947万元。其中，2008年至2009年的净利润增长速度极快，奥运会后海尔的品牌影响力和营销策略的成功由此可见一斑。[2]

表6-1 海尔2005-2009年相关业绩指标（单位：万元）

	2005年	2006年	2007年	2008年	2009年
主营业务收入	1650946.0	1962283.0	2946865.0	3040804.0	3297942.0
主营业务利润	191443.0	271828.0	553495.0	693660.0	858153.0
营业利润	43932.0	60020.0	89929.0	116673.0	163050.0
利润总额	32577.0	463050	88011.0	113713.0	174015.0
净利润	23913.0	31391.0	64363.0	76818.0	114947.0

1 海尔冰冷尼日利亚连续12年市场份额第一[EB/OL].（2017-10-16）[2024-02-20]. http://www.citnews.com.cn/news/201710/57967.html.

2 骆红.海尔集团国际化战略分析[D].上海立信会计学院，2014.

Haier

『人单合一』模式

2005年11月，英国《金融时报》（Financial Times）发布2005年度50位"全球最受尊敬商业领袖"排名榜。张瑞敏上榜，排在第26位，是唯一一位上榜的中国企业家。张瑞敏之所以能够成为唯一一位获此殊荣的中国企业家，是因为张瑞敏在海尔全球市场拓展及管理变革中取得的巨大成就。

　　2005年9月20日，张瑞敏提出"人单合一"模式，以此来变革海尔的管理模式。经过10多年的持续探索、迭代，"人单合一"模式已成为国际权威机构和学者认可的具有普适性、社会性、时代性的物联网范式的管理模式。

◎ 探索"人单合一"

　　在激发员工的岗位责任意识和效率上，尤其是激活岗位活力方面，海尔的探索始终没有停止过。20世纪80年代以员工命名的创新；20世纪90年代的自主管理班组建设；21世纪的战略业务单元以及对"人单合一"模式的探索。

　　从这个角度可以看出，海尔在管理变革上的探索不会就此停止。张瑞敏撰文写道："我们在全球市场取得胜利的发展模式是什么？我们又为什么非要确定一种发展模式？又怎么样去做好这个发展模式？之所以要提这三个问题，是因为过去我们在国际市场的规模比较小，虽然有库存问题、应收问题，但是危害不大。然而随着规模增长，这些问题的危害就非常大了。因此，我们需要创新发展模式。"

　　正因为如此，2005年9月，在海尔全球经理人年会上，张瑞敏提出了"人单合一"的管理模式。对于"人单合一"模式，张瑞敏非常乐观，甚至认为，海尔赢得全球市场份额就是因为"人单合一"模式。张瑞敏说道："2005年9月20日，我在海尔全球经理人年会上首次提出'人单合一'双赢模式。'人'指员工，'单'指用户价值，'合一'指员工的价值实现与所创造的用户价值合一。每个员工都直接面对用户，为用户创造价值，同时实现价值分享。这一次　我们'砸'向的是已然高耸的'海尔大厦'，'砸'掉的是海尔的中间层，"砸"碎的是海尔僵化的科层制。一'锤'之下，海尔的一个个部门变成了一家家小微企业，而它们直接面对市场、面对用户。"

　　海尔的"人单合一"模式与传统管理模式的最大不同有两点：

　　第一，目标不同。传统管理模式，以长期利润最大化为追求目标。创造终身用户才是"人单合一"模式的追求目标。对于海尔来讲，一旦没有终身用户，那么就没有创造用户的价值。

　　第二，逻辑结构不同。对于传统管理来讲，其管理逻辑结构是线性的，要干一件什么事，就按照程序执行。相比于传统管理逻辑，"人单合一"模式的逻辑结构却是非线性管理，不是以管理为中心，而是以用户的个性化需求为中心。

2009年，当张瑞敏在纸上画出一个"倒三角"的组织架构图时，IBM前董事长兼CEO路易斯·郭士纳（Louis Gerstner）兴奋地说："我知道你要说什么！"究其原因，路易斯·郭士纳在任时也想进行类似的变革，因为风险太大而作罢。众所周知，几十万人的组织，一旦乱了，将是一场灭顶之灾。张瑞敏说道："对海尔来讲，这也是一场极具危险的挑战。我们打破科层制，去掉了一万多名中层管理者，变成一个创业平台。但如果不去掉这一万多人，那整个八万人的生存可能就有问题了。"

回顾海尔的发展史，变革一直都在进行着。20世纪90年代，海尔开展国际化扩张：1997年，首次喊出"海尔中国造"，在菲律宾建立第一个海外工厂。1999年，在美国南卡罗来纳州设立生产中心，进驻美国市场。2001年4月10-12日，海尔在巴基斯坦建立全球第二个海外工业园，其产品辐射到印度、阿富汗、中东、非洲等国家和地区；同年，又收购了意大利冰箱制造商迈尼盖蒂的一家工厂……[1]正是这样的边界拓展让海尔感受到完全市场化竞争的国际环境不同于中国本土市场，张瑞敏觉察到，海尔要想赢得与国际巨头的较量，就得变革自身的内部管理体系。

1998年9月8日，海尔开启全面流程再造的引擎，把国际"市场链"竞争引入中国本土。在当时，流程再造的难度较大，时隔多年，张瑞敏在接受媒体采访时依旧记忆犹新："流程的再造是最难的，它要求你把企业的内部结构统统打碎。什么是流程再造，研究流程再造的专家哈默有个比喻，流程再造就像把监狱砸掉，把犯人都放跑。这要造成多大的混乱！难度可想而知。我们一开始搞流程再造，连续五个月销售量都是下降的，很多人都不接受，不接受的原因各种各样，有人认为触动了他的权利，原来只要指挥别人就行了，现在要直接面对市场。"

张瑞敏举例称，海尔实施战略事业单元（Strategic Business Unit，简称

---

1 种昂.张瑞敏：教父级老板的企业管理奥秘[N].经济观察报，2018-11-13.

第七章 "人单合一：模式"

SBU）战略时，把当时的8万多名员工分组成2000多个自主战略事业单元，把每一位员工、每一个战略事业单元、每一个工序直接市场化，由此进行独立核算。当采购人员进行采购时，不仅仅是采购岗位的自身工作，同时还必须承担采购的自负盈亏，这就意味着，采购人员不再局限于买货付款上。

当进行独立核算后，损益表、日清表、人单酬表就成为员工们必备的三张表格。原因是，员工这三张表格的考评结果直接关乎着相应的薪酬待遇。例如，海尔销售人员的差旅费报销方面，与中国传统企业不一样的是，海尔报销的凭据就是销售人员的销售业绩。海尔对自主经营体的要求是：缴足公司利润，挣够市场费用，自负盈亏、超利分成。海尔的管理变革，就是把每个部门、每个员工市场化，同时进行独立核算，在激活员工的岗位责任意识和效率的同时，给用户创造价值，以此实现"人单合一"模式。

张瑞敏说道："海尔在全球市场上取胜的根本保证是什么？就是'人单合一'的发展模式，也是一种市场竞争模式。"

既然"人单合一"模式如此重要，什么是"人单合一"模式呢？其内容是什么？张瑞敏介绍说："海尔模式，就是'人单合一'！"人单合一的"人"指的是每一个员工，也就是每一个自主创新的主体，"单"是有竞争力的市场目标，人单合一就是每一个自主创新的主体与第一竞争力的市场目标的合一。"

张瑞敏补充说，"人单合一"模式包括 "人单合一""直销直发""正现金流"三个方面。

（1）"人单合一"。"人单合一"是海尔参与市场竞争的一个模式，张瑞敏具体解释称，"人单合一"要求每个海尔人都有自己的订单，都要对订单负责，更为重要的是，每一张订单都有人对其负责。事实上，很多订单之所以成为"孤儿订单"，一个很重要的原因就是没有专门的人对其负责，库存、应收账款都是这样造成的。张瑞敏直言："我们首先要理解：订单就是市场，也就是说每一个人和市场要结合在一起。既然如此，那么人的素质高低和订单质量的高低就成正比。也就是说，人的素质越高，订单的质量也越高。获取更多有价值的订单，而且不产生库存、不变成应收。也就是说，订单在市场创造的价值，体现的是人的价值。"因此，海尔每个人的收入就需要与订单结合在一起。张瑞敏介绍说："'人单合一'，就是人与市场结合到一体，然后每个人都成为创造市场的'SBU'（战略事业单位），每人都对市场进行经营。"

（2）"直销直发"。"直销直发"是海尔实现"人单合一"的基础条件，要求直接营销到位、直接发运、服务到位。张瑞敏解释说："为什么说是直接营销呢？这首先要弄懂营销的概念。美国的管理大师彼得·德鲁克（Peter F. Drucker）有一句话：营销的目的就是让促销成为不必要。换句话说，做了营销就没有必要去做促销了，而不是不需要在现场做工作。其实营销和促销最大的不同就是：营销是使产品永远有人需要，而促销就是永远在卖库存。营销一开始研究的就是市场需求，配合客户双赢的订单；设计的时候就要依据用户的需求，和客户共同研究。这个产品肯定有人愿意经销。"

在张瑞敏看来，营销与促销正好相反。张瑞敏的理由是："没有任何市场策划的销售就是卖库存，而卖库存最后的结果就是降价。所以直销并不是说你直接去问客户要什么，而是说直接面对市场用户的需求来创造出产品来。也因此，直接营销就不单单是销售人员的事儿，而是设计人员、制造人员、销售人员等全系统每个人都有责任。"

正因为如此，只有在直销的前提下，才可能有直接发运，否则就可能成为积压。而直发又是必需的。张瑞敏举例回答说道："我们算了一下，在青岛保税区仓储费是多少呢？每一平方米每个月6美元。但是在美国纽约是多少呢？每平方米每个月50美元，差了很多倍！所以产品一停留下来，很可能本来应该赚钱的也变成赔钱的了。可见，直发带来的不仅仅是费用问题，更重要的是生存问题。"

（3）"正现金流"。不可否认的是，"人单合一"模式实施的目的是提升海尔的岗位效率，基于此，解决海尔"人单合一"模式就是解决"正现金流"问题。只有保持既有正现金流，又有高增长，才能促进海尔的健康发展。为此，张瑞敏比喻说道："现金流对企业来讲相当于企业的空气，利润相当于企业的血液，如果没有空气人就会窒息。"

海尔传

日本企业将此叫作"黑字破产"，即企业还有利润但是要破产的，原因是企业已经没有现金流了。为什么没有现金流？因为在市场上的货不能变现，钱收不回来。

面对此种问题，海尔的做法是：创造客户需要的产品，同时还要找到优质的客户。

张瑞敏举例说道："日本海尔就通过银行拿出了所有客户的信誉评价，然后在经营过程当中给予动态控制，信誉不好的随时去掉，所以日本海尔一直没有出现应收账款的问题。一言以蔽之，还是'人单合一'。再比方说，美国海尔创造的迈克冷柜。如今，迈克冷柜不仅在美国取得上佳业绩，而且在澳大利亚卖得也不错。为什么？因为别人没有，客户又有需求，就这么简单。"

张瑞敏还以韩国市场为例子介绍海尔的布局："韩国海尔发现平板电视的价格太高，不敢有一天的库存，不敢有一天的呆滞，于是市场人员干脆就在韩国先预售。预售真正体现出了'人单合一'的概念——产品不应该有一天的滞留！"

◎ "人单合一"的战略逻辑

关于"人单合一"模式，张瑞敏认为，此模式就是在刀锋上求得生存与发展的竞争策略。这关乎海尔的全球化边界扩张。尤其是中国加入世界贸易组织后，如何既能够保证海尔满足世界各地客户的不同需求，还能够让海尔提升自己的竞争力，成了最大的难题。

面对这样的问题，张瑞敏不得不解决。张瑞敏启动了"人单合一"战略，此种模式关乎海尔能否真正地成为国际名牌，同时也是海尔全球化战略落地的一种探索。对此，张瑞敏总结说道："实现'人单合一'，第一是时代的要求，第二是竞争的要求。"

究其原因，任何一个企业的变革，必须建立在时代背景基础之上。正如英国作家查尔斯·狄更斯（Charles Dickens）写的那样："这是最好的时代，这是最坏的时代。"

自张瑞敏临危受命起，海尔似乎一直都在最好的时代，即使如此，危机意识较浓的张瑞敏却"战战兢兢，如临深渊，如履薄冰"，尤其是随着信息化时代的到来。张瑞敏说道："2000年，在瑞士举行的达沃斯论坛上，我看到，网络使你无法自满，它可能使消费距离消亡到零。传统观念的连续性被打破，传统结构逐渐消亡，如果不能更新观念，无异于自我抛弃。"

在向日本学习管理经验时，张瑞敏很早就注意到了"大企业病"。张瑞敏直言："一个企业在小的时候充满活力，等发展壮大后，随着组织架构一层又一层，和用户之间的墙越来越厚，企业内部官僚主义越来越重，最后企业就会缺乏竞争力。当时的海尔也面临着同样的问题，我意识到企业必须改革。这是我对趋势的判断，但是很多时候，你知道方向没有问题，但到底该怎么走，还得在实践中探索。"

此刻的张瑞敏清楚，只有速度和准确度的高度统一，才能保证海尔的生存与发展。此外，由于信息化时代，产品的供给远远大于需求，工业化时代的暴利产品已经不复存在，只有不断去创造市场，才能赢得市场。

当然，创造市场的要件有两个：第一，速度是第一位的，能不能在别人前面获得顾客的选择很重要。在张瑞敏看来，只有创新组织的管理模式，才能突破旧有的僵化思维，提升其效率和员工积极性。张瑞敏说道："禅宗有一句话：'凡墙都是门。'只要你创新，所有竖在你面前的墙都可以通过去。如果不能创新的话，即使在你跟前是一堵门也过不去。让外来管理思想适合中国国情是如此，应对网络时代的管理挑战亦是如此，调适企业的商业模式还是如此。"

张瑞敏为此还与通用电气（General Electric，简称GE）前CEO杰克·韦尔奇（Jack Welch）探讨相关问题："2008年11月，我去美国波士顿，和杰克·韦尔奇专门有一个会谈。我问的第一个问题是：韦尔奇如何能够把GE做到世界最大，但是又做到了世界最小？意思是说他把公司做到了世界第一，但是公司里每一个人又能够充分地发挥、体现自己的价值。其实这是非常不简单的，在中国很难做到这一点。"

杰克·韦尔奇认为，美国企业文化与中国存在较大的差异。例如，美国企业在很多方面是可以通过放权的手段来管理的，"因为美国的财务制度非常完善，完善到了他自己都不了解，里面有非常复杂、非常详细的内容，但是可以帮助他把这个企业有系统地推进。他让员工更多地创新，因为在这个制度下反而会觉得受到很多的束缚。GE在中国也有很多企业，在中国，员工很愿意随意改动一些东西。中国没有一些非常完善的制度，这是两个国家在管理上非常大的差异"。

张瑞敏认可杰克·韦尔奇的观察角度："其实我们自己在国外设立工厂或者是和国外公司打交道后，也感觉到中国企业内部的文化和美国、日本都有非常大的不同。比如说我们在美国南卡罗来纳州设立了一个工厂，我们的人过去告诉美国生产线的工人应该怎么去操作，但是过了几天，按照美国的条件可以再改动一下，美国工人就不干了。他说你前两天告诉我那样干，今天又告诉我这样干，到底哪个是对的。所以不能随便改。这就体现了一个'法'的概念，但是中国工人的这个概念并不是很强烈。"

不仅如此，作为领导者，还需要与时俱进，读懂时代变化下的消费需求。张瑞敏说道："现在进入互联网时代，互联网时代对企业提出来的挑战就两个字——速度，谁能够以更快的速度满足用户的需求。有人说农业时代解决饥饿，工业时代征服空间，信息时代征服的是时间。所以对企业来讲时间是制胜的关键，要在第一时间满足客户的需求。彼得·德鲁克有一句话，互联网消除了距离，这就是它最大的影响。对于企业来讲只能做到和用户的零距离，如果和用户零距离你就赢了。"[1]

第二，准确度。当顾客购买了企业的产品，一旦供应的产品质量不好、产品外观设计陈旧、交货期不准时，最后顾客也会因此得不到极致的体验。企业就不可能拿到第二个订单。

对此，张瑞敏说道："我们要像打飞靶一样，既要快又要准，这对于企业来讲是一个非常大的考验。世界500强在几十年时间里有2/3都被淘汰了，很重要的一点是跟不上时代前进的要求。现在很多企业还停留在打固定靶——允许你有时间慢慢瞄准，慢慢研究——但这个时代已经不存在了。等你把市场研究清楚了，机会也都没有了。这就需要我们提高自身的素质。如果每个客户都是一个飞靶，那么飞靶的数量就不计其数。靠一个企业把所有飞靶都研究清楚是不可能的，因为每一个飞靶都是不一样的。所以，这就需要每一个员工都直接面对市场，每一个人员都和他的订单、他的市场合在一起，否则就无法获取这个市场。"

在张瑞敏看来，即使具备了速度和准确度的统一，也不能说明就已经拥有了什么竞争优势，要想在这个时代获得生存，还必须关注顾客未来的需求。从1984年到2005年，海尔虽然获得20多年的高速增长，但对于西方的跨国企业来说，依旧是一家较为年轻的中国公司，尤其是海尔的竞争对手在国际化过程中拥有非常丰富的经验。看到差距的张瑞敏说道："我们应该向对手学习，但是不能够停留于模仿，否则就永远不能超越他们。我们只有创新，即在同样的时间我们做得比他们更快，在同样的时间我们做得比他们更好，才可能超越他们。"

张瑞敏补充说道："对于创新，非常重要的一点：不能是一个人或一部分人，而是每一个人都在'人单合一'的前提下，对自己所应该拥有的

1 张瑞敏. 海尔："凡墙都是门"[J]. 中外管理，2009（07）：136-138.

市场进行创新。我们所说的直接营销，是一个系统：第一步是开发人员，怎样对自己开发的产品进行创新，使之必须在市场上赢得更多的用户；第二步是制造人员，怎样让产品零缺陷；第三步是营销人员，怎么做到零库存。每个人都会有自己的市场，只是有大有小而已。如果我们每一个人都在创新，而每个人的潜力又是不可估量的，我们加起来的总和就一定可以超过任何一家公司。所以我们进行市场链流程再造，就是希望把每一个人做成SBU。"

张瑞敏的管理变革实践引起了美国宾夕法尼亚大学沃顿商学院（The Wharton School）马歇尔·梅耶（Marshall W.Meyer）教授的关注。当马歇尔教授在做海尔市场链案例时，就曾分析说道："如果海尔能够做到这一点，肯定是全世界最有竞争力的企业，但是真正要做到这一点是非常非常困难的。"

从马歇尔教授的观点中不难看出，海尔在求得生存和发展的过程中，无疑经历了诸多的困难，但是张瑞敏却说："不管多么困难，只要做到这一点就能够超越竞争对手，那么我们就应该不计任何代价去把它实现！"

◎ 落地"人单合一"模式

纵观世界企业史，但凡变革，必然存在自身的落地风险。海尔的"人单合一"模式也是如此。张瑞敏说道："像海尔几万人的规模进行这方面的颠覆，我遍访欧洲、美国的企业，目前为止只有我们一家。但是十年来，我们并没有感到孤独，为什么？因为很多国内国外专家来帮助支持我们。大量的企业都与我们一起进行探索，今天我把我们的心得和大家分享一下。现在'人单合一'提出十年，到现在进入2.0，所谓人单合一，人就是员工，单就是用户，就是把人和用户连到一起。如果说1.0的话，就是我们当时刚刚提出这个理念之后，我们也提出一个市场链的模式，所谓市场链是把企业和市场连接到一起，其实企业应该和市场连接在一起，但实际上是分离的。如果你问他你的客户是谁，你给客户创造的价值是什么，企业都很难回答，你再问企业的员工更回答不上来。当时我们就说让企业内部和市场连接起来。所以我们内部就划分了单位，变成一个自主经营体，但是问题来了，受到原来组织机制框架的限制，再往下走必须将原来的全部颠覆掉。我说的2.0是建立一个共创共赢的平台，是颠覆原来的传统模式。"

在张瑞敏看来，三个角度可以颠覆原来的传统模式：第一是有破有立，第二是立什么，第三是怎么持续探索下去。

具体做法如下：

第一，先对新的框架内涵进行探索，然后对传统进行颠覆。与传统企业以自我为中心定位不同的是，共创共赢企业的定位应该是互联网的一个节点，而不是一个独立的可以包打天下的单位。张瑞敏举例说道："一台电脑什么都不是，但是连接网络它无所不能。像人的大脑有约860亿个神经元，每个神经元都非常愚蠢，但连接起来就非常聪明。所以这个定位说到位，是封闭还是开放，原来的传统企业都是封闭的，我有多少资产我有多少人我有多少能力，但是现在你只是一个节点。"

第二，价值导向。在传统企业以顾客为导向的价值体系中，其重点聚

海尔传

焦在销售额，即有多少顾客购买企业的产品，以及世界500强就是500大。然而，共创共赢的企业价值导向不是顾客，而是用户。张瑞敏解释道："顾客和用户有本质的区别，顾客是一次性交易，你同意买了，就是钱和物的交易。用户是不断地交互，不断地参与你的体验。这个价值导向是从顾客到用户。"

第三，驱动力。海尔针对共创共赢企业提出一个叫按单聚散的范式，其核心就是能不能完成用户目标。能，就可以来干，不能，就让别人来干，用户目标是不动的。张瑞敏解释道："为什么可以按单聚散人呢？因为每个人是创客，要跟投创业，有风投来投资，你要跟着投资，这样就绑在一起了，最后达到共赢的目的。共创就是创业人员无边界，这个目标定了，创业人员是谁没关系，谁行谁来。这是很重要一点，但是在海尔同一个平台上进行。然后是共赢，各方利益最大化，能够持续协同共享我们创造的价值。"

鉴于此，张瑞敏强调："我觉得应该有三条：第一个就是观念创新，第二个就是流程再造，第三个就是企业文化。"

在传统企业的转型中，没有观念创新，就很难进行下去。可以说，传统企业的转型不仅是一个顶层的战略设计，更是一个系统工程，需要传统企业自上而下地大力推动和自下而上地坚决执行。

在"人单合一"模式落地中，员工的思维必须能跟上时代发展的步伐，只有从观念上真正地创新了，才能发挥"人单合一"模式的作用。究其原因，观念创新，就是要以"人单合一"模式的要求不断挑战自我。张瑞敏介绍称："我想现在存在一些错误观念，比方说：在超越竞争对手方面，今年我到欧洲去过两次，海尔欧洲的经理人有的是曾在世界名牌企业工作过的，他们就告诉我：'我原来服务的公司是百年老店，我很清楚他们的实力非常强，海尔现在的实力不如他们，我们如何超越他们呢？'"

面对欧洲区经理人的困惑，张瑞敏就跟他们讲："如果你按照你在原来那个公司原来的思路来做今天的工作的话，那我们确实永远都超越不了。这就需要我们每个人都进行创新，如果按照'人单合一'这个模式真正去做到，就一定可以超越。他们毕竟在这方面的动作还显得慢一些。"

鉴于如上问题，张瑞敏觉察到，"人单合一"模式的落地，不仅需要员工的积极参与，更需要领导的观念创新。张瑞敏举例说道："海尔美国贸易公司、马来西亚贸易公司，原来也存在很多问题，但是因为他们的领导思想改变了，马上在'人单合一'这个模式下就把市场做得非常好。现在美国海尔的各项指标提高得都很快。为什么？总经理迈克自己先改变了观念，认识到了必须是每个人和他自己的投入产出都结合到一起去。马来西亚海尔现在也发生了很大的变化。过去产品发过去之后他们很多人说卖不出去，于是就放在那儿慢慢卖，卖出去之后钱又收不回来，于是又慢慢收，这就产生了库存和应收。但是现在他采取一个很简单的办法，每一个人和他自己的应收账款挂钩，如果在应收账款账期之前回款的，可以按照这个货值的比例给市场人员一定奖励，回款的早晚决定奖励的多少。如果超过了规定期限，你就要按照货值的一定比例赔偿。现在每个人都对他自己的订单盯得非常紧。"

　　张瑞敏由此认为，领导人的观念如果能真正地改变的话，"人单合一"的推进就可以有很多方法。相反，一旦领导者或者决策层不能更新观念，那么企业的经营就可能遭遇危机。在这里，我就以诺基亚为例。

　　2013年9月2日晚（美国时间），一向深耕软件的微软（Microsoft）高调宣布，出资54.4亿欧元（约合71亿美元）并购诺基亚旗下的手机业务和部分专利授权。其中，并购诺基亚旗下手机业务耗资37.9亿欧元（约合50亿美元）；并购诺基亚专利许可耗资16.5亿欧元（约合21亿美元）。

　　根据微软与诺基亚在并购中达成的协议，诺基亚时任CEO史蒂芬·埃洛普（Stephen Elop）担任微软设备部门执行副总裁，主管设备与服务，直至该项并购完成；诺基亚时任董事长里斯托·席拉斯玛（Risto Siilasmaa）被任命为诺基亚临时CEO。当并购完成后，包括史蒂芬·埃洛普等诺基亚的多名高管也一起并入微软公司。按照这份协议，将有3.2万诺基亚员工被并入微软公司，其中包括4700名芬兰员工，以及大约1.83万名制造部门的员工。这就意味着在移动通信史上曾经无比辉煌的诺基亚手机王朝就此落下帷幕。

　　回顾世界移动通信历史，巨头滑落的速度远比想象中更快，自从1998

海尔传

年登顶霸业以来，诺基亚就是手机行业中一个名副其实的霸主，且独占鳌头长达14年，其间在移动电话的技术、外观设计以及满足顾客需求方面引领全行业。

诺基亚公司的历史最早可以追溯到1865年。1865年，作为采矿工程师的弗雷德里克·艾德斯坦（Fredrik Idestam）不再满足自己当一个工程师，而是选择了创业。弗雷德里克·艾德斯坦选择的创业项目是创建一家木浆工厂，以当地的树木作为原材料生产木浆和纸板。该工厂位于芬兰坦佩雷镇（Tampere）的一条河边，与俄罗斯帝国交界。

由于经营得法，弗雷德里克·艾德斯坦开始了自己的扩张之路。1868年，弗雷德里克·艾德斯坦创建了自己的第二家公司，生产皮靴、轮胎和其他工业用橡胶制品，工厂就位于坦佩雷镇西边15千米处的诺基亚河边（Nokianvirta River）。

随着公司规模的扩大，组织管理成了弗雷德里克·艾德斯坦的不小的挑战。1871年，在朋友利奥·米其林（Leo Mechelin）的帮助下，弗雷德里克·艾德斯坦把木匠工厂和橡胶厂合二为一，将其改组成一家股份有限公司，诺基亚首任CEO就是弗雷德里克·艾德斯坦。随着公司的重组，弗雷德里克·艾德斯坦和利奥·米其林把公司名字命名为"诺基亚"，此后一直保留到今天。

在企业做大做强的过程中，创始人一直都致力于管理、人才、资本的社会化。19世纪末期，弗雷德里克·艾德斯坦开始退居幕后，把诺基亚的帅印交给其好友利奥·米其林。

19世纪末期，无线电产业刚开始萌芽，利奥·米其林觉察到巨大的商业潜力，决定涉足电信业务，结果遭到了艾德斯坦的强烈反对。

1902年，方兴未艾的无线电产业更加坚定了利奥·米其林的判断，多方游说，终于说服艾德斯坦。利奥·米其林于是增加了一个电信部门。

经过数十年的经营，诺基亚已经成为芬兰一家大型跨产业的集团公司，其产业涉及造纸、化工、橡胶、电缆、制药、天然气、石油、军事等多个领域。

相比其他产业，诺基亚的手机生产制造相对要晚一些。1960年，时任诺基亚总裁比约恩·韦斯特隆德（Bjorn Westerlund）发力电信行业。比约恩·韦斯特隆德之所以对电信行业下重注，一个关键的原因是，电信行业是未来科技发展的必然趋势。于是，比约恩·韦斯特隆德创建诺基亚电子部，专注于电信系统方面的工作，尤其是研究无线电传输技术，这就奠定了诺基亚集团在电信行业中快速崛起的基础。

1967年，诺基亚电子部的员工已经达到460人，净销售额占整个集团净销售额的3%。20世纪70年代中期，诺基亚在芬兰电信市场所占份额不断增加。

1982年，诺基亚生产了第一台北欧移动电话网移动电话——Senator。其后，诺基亚又开发了Talkman产品。

20世纪80年代中期，诺基亚移动电话通过"Tandy无线电小屋公司"的商店进入了美国市场。1985年，诺基亚为了生产由Tandy出售的AMPS（高级移动电话系统）模拟机，甚至还与Tandy公司在韩国建立了一家联合生产工厂。

1990年，随着手机用户数量的急剧增加，手机成本也渐渐摊薄，手机的销售价格也渐渐降低。用户数量的增加，迫使诺基亚研发越来越小的移动电话，以及全球通信技术。

1991年，诺基亚解决了全球通信技术，首个全球基于第二代无线通信标准GSM（2G）通话正是通过芬兰诺基亚Radiolinja网络进行。

对于此刻的诺基亚来讲，一边是火焰，一边是海水。20世纪90年代中期，因涉及的产业过多，诺基亚濒临破产。

面对败局，当时的诺基亚总裁以及高层果断地做减法，抛售部分产业，并拆分了传统产业，只保留下诺基亚电子部门。此后，诺基亚全力投入手机业务及GSM技术的早期开发。诺基亚推出具有高质量通话、国际漫游和短信服务的手机，一经推出就极受欢迎，在全球范围供不应求。

随后，诺基亚再次迎来了自己的黄金时代。1995年，诺基亚的整体手机销量和订单剧增，公司利润大增。不但帮助诺基亚在1998年成为全球最大的移动电话制造商，也为全球移动电话的蓬勃兴起奠定了基础。在最辉煌的2000年，诺基亚的市值高达2500亿美元。2003年，诺基亚1100在全球

已累计销售2亿台。2009年，诺基亚公司手机发货量约4.318亿部。2010年第二季度，诺基亚在移动终端市场的份额约为35.0%，市场占有率遥遥领先。到2012年为止，它共有员工10万人，业务遍布150个国家。

　　然而随着3G时代的到来，消费者需求出现显著变化。智能手机用户的需求不再局限于精益求精的硬件，而成功转移到更新的软件和服务上。

　　以中国为例，中国互联网络信息中心（CNNIC）发布的《第21次中国互联网络发展状况统计报告》数据显示，截至2007年12月，网民数已增至2.1亿人。中国网民数增长迅速，比2007年6月增加4800万人，2007年一年则增加了7300万人，年增长率达到53.3%。

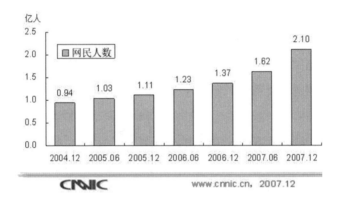

图7-1 2004-2007年中国网民规模

　　《第21次中国互联网络发展状况统计报告》数据还显示，2006年12月中国互联网普及率是10.5%，2007年12月中国互联网普及率增至16%，当时的中国正处于网民快速增长的阶段。

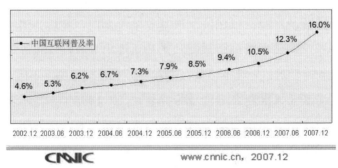

图7-2 2002-2007年中国互联网普及率

同期，全球互联网普及率达19.1%，互联网发达国家冰岛甚至高达86.3%，美国、日本、韩国互联网普及率也接近70%。可见，全球已经步入互联网时代，手机智能化成为大势所趋。

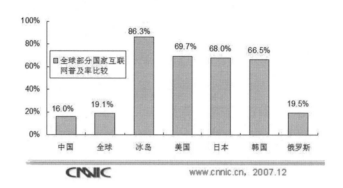

图7-3 全球部分国家及全球平均互联网普及率比较

"苹果教父"史蒂夫·乔布斯（Steve Jobs）洞察到手机市场潜在的需求，基于此发布的iPhone手机，就犹如一枚重磅炸弹，给世界各国的手机用户带来巨大的震撼。

作为竞争者，iPhone手机自然也引起了诺基亚高层的关注。媒体披露的信息显示，诺基亚高层早在一开始就意识到了iPhone手机对诺基亚手机产品的冲击。《赫尔辛基报》记者劳里披露："一位诺基亚的高级经理人说他5岁的女儿很快就搞懂了怎么使用iPhone，一天晚上，他5岁的女儿询问他：'今晚我可以把这个神奇的手机放在我的枕头下吗？'这位高级经理人马上就意识到，诺基亚遭遇到了危机。"

作为诺基亚前用户体验主管的米卡体验苹果iPhone手机后说道："2007年1月9日，我们还是手机市场的领军者，那时的诺基亚还是手机行业的第一名。到了第二天，我们就退居到了第二名。"

3G时代的到来，以及以苹果创始人史蒂夫·乔布斯为核心的新一代互联网手机设计者开始攻城拔寨，直接掀开了诺基亚长久构建的技术、外观设计、顾客消费心理的壁垒，长驱直入地创建了iPhone时代，与此同时，iPhone手机也掀开了智能手机的幕布。

截至2012年上半年，诺基亚仍保持领先地位。面临iPhone的挑战，诺基亚开始想到换帅，但是此刻的"三国杀模式"已经大兵压境，前有苹果，后有谷歌安卓系统围攻。诺基亚前创意总监邓肯在回忆iPhone初代发布会时感叹道："记得看苹果发布会时，我边看边想：对，就应该这么做，苹果做了一些有趣的权衡和取舍，其中一个是电池寿命，另一个是产品的耐用程度。10年后的今天，我们都能接受我们的手机电池只够使用一天，我们必须经常充电，甚至放在床头充电……但是十年前，这是不允许发生的。"

也许是曾经创造的无数神话让诺基亚决策层失了先手，总之历经短短一年有余的苦战之后，庞大的诺基亚手机军团始终无法突围，诺基亚还徘徊在是否拒绝使用安卓系统，抑或是寻找备选方案中之时，诺基亚手机帝国却轰然倒塌，最终分崩离析，被微软集团收购。

从"神机"到"时代的眼泪"，当我们复盘诺基亚手机帝国的崩塌，其原因值得中国企业家反思。

当新技术普及时，企业家需要应需而变，同时调整方向，真正做到以客户为中心。反观诺基亚，应需而变的决策就相对迟缓。2019年1月，BBC（英国广播公司）播出了一个名叫 The Rise and Fall of Nokia 2018 的纪录片，由此揭秘了诺基亚手机帝国是如何走向衰落的。在接受采访时，一位诺基亚前高管直言不讳地称，诺基亚的衰落源于其自身的"傲慢"。该高管反思说道："在这里（诺基亚）有很多让人振奋的时刻，但傲慢也随之而来。因此我们做的每一个产品总是巨大，没人能在这方面战胜我们。其他公司都在蠢蠢欲动。"

在这名高管看来，诺基亚高层盲目自信，缺乏对未来不确定性的判断是其中一个非常关键的原因。2007年1月9日，苹果创始人史蒂夫·乔布斯在MacWorld 2007大会上发布了iPhone手机。

产品发布时，诺基亚CEO康培凯（Olli-Pekka Kallasvuo）不屑地说道："苹果不会对诺基亚造成任何影响，因为诺基亚专注做手机很多年了，同时又有满足任何价位和需求的产品线，而苹果仅仅只有一款产品。"

与康培凯一样不屑的还有时任黑莓公司CEO吉姆·巴尔斯利（Jim

Balsillie），以及时任微软CEO史蒂夫·鲍尔默（Steve Ballmer）。吉姆·巴尔斯利说道："只不过让本已面临众多选择的消费者面前又多了一个选择，但对于这会让黑莓产生变化，我认为有点夸大了。"

史蒂夫·鲍尔默直言："它将是一个缝隙产品，根本没有机会获得大量市场份额。它只是一个500美元的补贴设备。苹果也许会赚不少钱，但实际上，如果你将眼光放在售出的13亿部手机的市场内，我更喜欢让我们的软件用在它们中的60%或者70%或者80%的设备上，而不是2%或者3%，像苹果可能获得的那样。"

对于上述三位企业家的决策偏差现象，巴黎高等商学院奥利维耶·西博尼（Olivier Sibony）教授是这样解释的，他说："这些备受推崇的决策者，领导着久经考验的组织，身边围绕着的都是精挑细选出来的团队成员，怎么会掉进在普通人看来都非常明显的陷阱里去呢？答案很简单，在被某个非常好的故事打动之后，我们对确认性偏差就毫无抵抗力了。"

IDC（互联网数据中心）公开的数据信息显示，2007年第四季度，诺基亚手机的销售量达到1.335亿部。2007年，一年销售了4.37亿部手机，全球市场占有率达到40%。

表7-1 2006-2007年第四季度手机厂商出货量排行（单位：百万部）

厂商	2007年第四季度出货量	2007年第四季度占有率	2006年第四季度出货量	2006年第四季度占有率	2007年第四季度成长率
诺基亚	133.5	40%	105.5	35.2%	26.5%
三星	46.3	13.9%	32.9	11.0%	40.7%
摩托罗拉	40.9	12.2%	65.7	22.0%	−37.8%
索尼爱立信	30.8	9.2%	26.0	8.7%	18.5%
LG电子	23.7	7.1%	17.7	5.9%	33.6%
其他	58.8	17.6%	51.5	17.2%	14.2%
总计	334.0	100%	299.3	100%	11.6%

来源：IDC，2008年1月

面对如此业绩，让决策层改变方向有多难就可想而知。奥利维耶·西博尼教授直言："无论多么努力地想要保持客观，我们对事实和数据的解

释总是会受到偏差的影响。"

在奥利维耶·西博尼教授看来，在审视任何事实和数据时，我们看到的只是某个自己无意识地试图去证实的故事折射出的扭曲结果。奥利维耶·西博尼教授分析说："董事会相信优胜者，而优胜者也相信自己的经验。他们都相信一个伟大的故事。有什么商业故事能比救世主的承诺更让人难以抗拒呢？而且他承诺能够再次打破所有规则，重现辉煌成就。一旦相信了这种故事，董事会以及首席执行官本人，就会忽略所有预示该战略将会失败的迹象。相反，无论看待什么问题，他们都能找到理由来证实自己最初的观点。这就是确认性偏差和讲故事的力量潜移默化的影响。"

事实证明，不管是古代的帝王，还是巨型企业，以及企业家个人，都普遍存在"自我麻醉"的现象。之所以拒绝转型，是因为不愿放弃曾经、目前拥有的竞争优势，不愿尝试新的挑战。

鉴于这样的原因，诺基亚决策层固守优势的思维造成了诺基亚手机没落。尽管决策层已经意识到iPhone手机的变化，却没有把握住用户需求的脉搏，一个重要的原因是，仍在因为自己拥有的优势而抱有侥幸。

在1G、2G手机产品时代，诺基亚凭借过硬的产品质量，赢得用户的认可，尤其是诺基亚高效率的硬件生产制造和物流管理。这恰好是诺基亚这个工程师文化根深蒂固的企业之所长。1995年，诺基亚为应对供不应求的良性危机成功重塑了自身的全球生产及供应链系统后，种类繁多、简易耐用的硬件产品和高效精准的运营物流管理，就成为克敌制胜的法宝。

从这个角度来分析，诺基亚手机业务的败局更多是来自内部，而非来自苹果手机的打击。或许这样的失败案例能够引起中国企业家们的足够重视。为此，苏宁创始人张近东就深有体会地说："企业转型最大的障碍是很多人总沉溺于过去的成功。"

鉴于此，在"人单合一"模式的管理实践中，仅仅拥有观念创新还是不够的，还需要流程再造，以此来保证观念创新所要达到的目的。张瑞敏坦言："这个流程可以画得很长。现在我们把它归纳为三大步骤：第一个就是设计订单，第二个是直发产品，第三个是回收货款。"只有流程从头到尾地衔接起来，才能形成一个闭环过程，这就是"人单合一"。

在此过程中，与以往不同的是，海尔的订单不是设计一种产品征求顾客需要多少，而是事先就根据市场可能需求什么样的产品来设计出相应的订单来。设计订单的本质就是设计市场。因为设计出来的产品是能确定有人要的，所以这个直发产品实际上就可以直发到市场上去，直发给用户。

例如，在韩国预售平板电视，实际上是海尔的直发产品，即该产品直接发到用户手里，这样的话，货款就可以马上回笼，无疑就会形成一个良性循环。但是，在此过程中，必须有一个战略事业单元（SBU）对它"人单合一"，即对全程进行有效控制。因此，在完成此流程的推进时，需要很多子流程、很多步骤来完成。

鉴于此，在"人单合一"模式落地中，不管是观念创新，还是流程再造，最后就是创造一种企业文化。在全球跨国公司中，虽然很多企业有较强的竞争力，但是张瑞敏却最欣赏丰田和戴尔这两家企业。张瑞敏说道："丰田的看板管理现在取得了巨大成果，利润可以超出世界三大汽车厂利润的总和，竞争力最强。全世界的企业都到丰田去学习它的看板管理，我也去看过，本身并不复杂，但是没有一个企业能学得会。为什么呢？因为看板管理已经变成了丰田每一个人都自觉去遵守、自觉去运作的一个模式，它已经不仅是一个管理方法，更变成了一个企业文化。这就是很有意思的一个现象：谁都知道丰田的办法好，但照搬回去效果却都不理想。"

除了丰田，戴尔的案例也值得关注。张瑞敏补充说道："戴尔在个人电脑方面，如果论技术它比不上惠普与IBM，但戴尔之所以可以超越它们，是通过直销模式。戴尔的直销模式听起来也非常简单，可是别人也学不会。为什么？因为它也变成了一个企业文化，而且它有一个流程在支持。我研究过戴尔的流程，每个人都非常到位，换句话说，就像一台精密的机器，每一个齿轮、每一个螺丝钉都咬合得非常好，而且每个人在思想、文化上都认同这个理念。"

张瑞敏也希望把海尔的"人单合一"模式，通过直销团队形成一种有流程支持的企业文化，最后形成"人单合一"的超凡竞争力！所以，对于海尔的海外工厂，海尔不应该把它们定位为"制造中心"，而应该定位为"创造中心"。如果没有"人单合一"，就做不到这一点。

张瑞敏说道："如果按照'人单合一'的概念，这个'单'就是市场到底需要什么产品。我们在与美国工厂沟通的时候，我觉得负责人吉姆先生提出一个很好的观点，他认为：一个产品设计中心，表面上看是设计产品，本质上是设计市场。产品在设计的时候，就考虑到'价利量'：价，可能要卖到2000美元，是最高的；利，干多少台就可以挣出美国工厂的费用；量，必须卖到多少台。这就是设计订单。"

除了美国，海尔巴基斯坦工厂现在增长得也非常快，销量已经占据巴基斯坦市场的第二位。海尔洗衣机在巴基斯坦农村很受欢迎，为什么？因为当地人把洗衣机拿回去不是为了洗衣服，而是为了把牛奶里边的黄油洗掉！海尔就为此在巴基斯坦建立了一个设计中心，和工厂结合起来以后就变成了"创造"巴基斯坦市场，提供了一个有竞争力差异化产品的竞争基地。这也是按照"人单合一"的思路来推进海尔的工作。

在实现"人单合一"模式的过程中，还必须拥有一套检验和考核"人单合一"模式的标准，即"三个零、三个A"。

第一，"三个零"，是指"零距离""零库存""零逾期"。张瑞敏介绍说道："零距离就是指和用户之间的距离。零距离一定是要到用户的心里去，我先去了解到你要什么，然后我来超前一步设计出来产品，这才叫零距离，否则永远是长距离。这也可以说是做到'人单合一'的一个关键。而零库存和零逾期就是直销直发。"

在张瑞敏看来，"零距离""零库存""零逾期"只是检验海尔"人单合一"模式能否成功的基本标准。换句话说：即使做到"零距离""零库存""零逾期"，也不一定就能成功，但是做不到则一定失败。对此，张瑞敏说道："现在我们的挑战是什么？是离这三条，我们还有很长很长的距离，所以现在我们要全力以赴先做到这三条。"

第二，"三个A"，张瑞敏是这样解释的，"具体说就是我们给自己定的三个考核指标都达到最优化的A等级，也就是我们所说的价值链。它能考核'人单合一'模式在市场上竞争力的强弱。所以做到这三个A，就是研究怎样去超越别人，达到创海尔世界名牌的目标"。在实施"人单合一"模式时，海尔的战略目标就十分明确，海尔要创造世界名牌。因为要创世界名牌，就必须敢于与竞争对手竞争，并且还要超越他们。

在与之竞争时，张瑞敏还是较为理性的。张瑞敏坦言："他们实力都非常强，我们不可能就在今天技术比他们更强，资金比他们更雄厚，人员素质比他们更高，但是我们可以通过把每个人的创造力充分发挥出来，来提升我们的能力和他们竞争。我希望的是，我们这个世界名牌应该是丰田式的。丰田的世界名牌是全方位的，它是把不同客户群的不同需求都给创造了，这才是我们所需要的。奔驰好不好？非常好，它是一个高档的品牌，但是它最后也被兼并了。因为单独一个高档品牌可能很难发展起来，毕竟全世界所有人的需求都有高、中、低之分，而丰田的高档车可以和奔驰竞争，而低档车别人却竞争不过它，这就说明了它在研究市场时把每一个客户群、每一个用户都考虑到了。对此，如果我们没有内部员工全员的努力，是做不到的。"

Haier

第八章

海外并购

2019年1月8日，海尔宣布，并购意大利国际专业电器制造商Candy公司100%股份，且已交割完成，此次交易价格约38.05亿元。

　　海尔同时也公告，把Candy公司100%股份转移至海尔欧洲在意大利设立的全资子公司名下，正式成为海尔的一家全资子公司。这就意味着，海尔的海外并购走向一个新的阶段。原因是，海尔通过此次交易将进一步升级品牌布局，加大境外市场尤其是欧洲市场的拓展力度，完善产品品类，增强对不同客户群的覆盖。[1]其实，早在2011年，海尔就开始积极地在海外展开并购了。同年，海尔并购日本三洋电机的部分业务。其后，海尔接连并购了新西兰斐雪派克、美国通用电气家电业务等，相关的并购资金就接近500亿元。从海尔的海外并购路径不难看出，被收购企业从日本、澳大利亚逐渐扩展至美国、欧洲，全球化协同发展的意图越发明显。[2]

1　韩小伟.这个欧洲家电名牌"嫁"给海尔了 青岛海尔38亿元收购意大利Candy公司，拓展欧洲市场添利器[N].半岛都市报，2019-01-09.
2　董忱.海尔也有"中年危机"[J].齐鲁周刊，2019（06）.

143

◎ 并购三洋白电

2002年1月8日，对于正在高速国际化的海尔和三洋来讲，都是一个皆大欢喜的开局。这一天，来自中国的海尔与日本三洋电机株式会社在日本大阪新大谷酒店召开新闻发布会称，海尔与三洋公司合资成立一家名叫"三洋海尔株式会社"的新公司。在"以技术换市场"的年代，"三洋海尔株式会社"的基础就是中日两国的市场，同时还有一种新型的竞合关系，以此创造更大的市场。

其后的发展出人意料，2011年7月28日，海尔宣布，海尔全资收购三洋电机在日本、印度尼西亚、马来西亚、菲律宾和越南的洗衣机、冰箱和其他家用电器业务，包括产品研发、制造以及所收购公司家电的销售和服务业务。[1]以此拉开了海尔海外并购的序幕。

当海尔宣布并购三洋电机白电的消息被媒体披露时，一石激起千层浪。海尔集团副总裁杜镜国说道："今天备忘录的签署标志着海尔在日本以及东南亚地区将形成两个研发中心、四个制造基地以及六个地域的本土化市场营销架构。"

海尔发布的新闻稿信息显示，海尔此次并购的是三洋电机在日本、印度尼西亚、马来西亚、菲律宾和越南的洗衣机（包括烘干机）、冰箱（包括家用冷柜）和其他家用电器业务（家用空调、微波炉、吸尘器、电风扇、电饭煲、热水壶/咖啡机、混合器/榨汁机/搅拌器、烤面包机、电熨斗、饮水机/冷水机和彩电）。[2]此次交易概要信息显示，三洋电机所持有的生产及销售家用和商用洗衣机的"三洋AQUA株式会社"的全部股份以及三洋电机在生产家用洗衣机的"Konan Denki 株式会社"中所持有的全部股份将转让给海尔；三洋电机在设计与开发家用电冰箱的"海尔三洋电器株式会社"中所持有的全部股份，以及在生产家用电冰箱的"海尔电器（泰国）有限公司"中所持有的全部股份转让给海尔；三洋电机东

1 王城长，尹莹，余丽平.海尔将收购三洋电机白电业务[N].潇湘晨报，2011-07-29.
2 庞丽静.布局东南亚 海尔洽购三洋电机[N].经济观察报，2011-07-29.

南亚生产及销售电冰箱和洗衣机等家电业务的"三洋HA Asean有限公司（越南）""三洋印度尼西亚有限公司""三洋印度尼西亚销售有限公司""三洋菲律宾公司""三洋销售及售后服务有限公司（马来西亚）"转让给海尔。[1]

按照协议，此次交易于2011年9月底达成最终协议；2012年3月底之前最终完成该交易。交易完成后，海尔在日本市场将实现"Haier"和"AQUA"双品牌运营；在越南、印度尼西亚、菲律宾和马来西亚市场，海尔在运营"Haier"品牌的同时，将在指定期间内同步运营"SANYO"品牌。这也意味着海尔在日本市场还只能打出三洋子品牌"AQUA"而不能打"SANYO"品牌。[2]在此次并购前，日本的家电卖场虽然销售海尔洗衣机，却主打低端产品，顾客群就是日本大学生等族群。这样的市场定位与中国市场明显不符。

在日本市场，海尔当然也有自己的野心，那就是拓展日本的市场。在东京繁华地段，海尔做了大幅户外广告牌。

对于此次并购的目的，杜镜国说道："海尔的此次收购不是一个简单的资源获取和叠加，而是在技术研发和市场机制上，创造性构筑海尔和原三洋资源的协同效果。以此为契机，海尔将打造在日本以及东南亚地区引领行业的研发能力、竞争力一流的制造基地以及东南亚地区的本土化市场营销架构，实施海尔在东南亚市场（Haier及SANYO）以及日本的（Haier及AQUA）双品牌运作机制，实现全流程的以创新为导向的市场瞬间扩充。"

杜镜国补充说："任何兼并成功的关键不是资金投入，也不是单纯的资源获取，最终的成功取决于文化和经营理念的融合，最宝贵的财富将是人才。此次并购将使海尔获得近3100名宝贵的三洋员工资源……对于员工，在尊重当地文化以及保证员工待遇不低于并购前的待遇的基础上，通过导入海尔的创新理念和机制平台，把继承了三洋60年历史的优秀团队，打造成一流的世界家电技术和市场的引领者和规则制定者，我想，这种机制的导入，是员工对海尔最大最迫切和永远的期待。"[3]在此次并购中，对

1 许意强.海尔并购三洋引发全球白电创新中心东进[N].中国企业报，2011-08-05.

2 刘佳.海尔9月正式"迎娶"三洋电机[N].第一财经日报，2011-07-29.

3 赵展慧."走出去"的海尔赢得"三连冠"[N].人民日报海外版，2012-07-26（02）.

海尔并购三洋电机业务的战略目的，中国家电协会理事长姜风直言："海尔最看重的应该是三洋在海外的制造能力和渠道资源，收购三洋会给海尔开拓海外市场带来积极的作用。此次并购对国内白电市场来说是一剂强心针，考虑到三洋品牌在国际上的地位，海尔可以完成此次并购，会给国内市场带来信心。"[1]

持此类观点的还有学者刘步尘。在接受媒体采访时，刘步尘说道："在日本市场，因为海尔无法使用三洋的品牌，本次交易对海尔拓展日本市场并不会起很大的作用。三洋在东南亚市场有一定知名度，海尔在一定时间内可使用三洋品牌进行业务拓展。"

由此看来，海尔之所以强攻日本，尤其是进行此次并购，是因为海尔产品在日本及东南亚的市场，份额相对较低，开拓该地区市场已经成为海尔棘手的难题。然而，转机却出现在2008年的金融危机。在这场危机中，三洋也遭遇重大亏损。2008年11月，日本松下开始拯救三洋。

比起三洋，松下拥有更加高效的成本控制。2008年11月7日，日本松下电器与三洋电机共同发布声明，松下并购三洋股权，交易额近64亿美元。

在当时，媒体乐观地预测说道："松下成功并购三洋，将打造日本最强大的电器厂商。"但是，松下同样没有能够让三洋走出困境。当并购三洋后，松下进行大规模的部门合并与裁员。

松下看重的是锂电池业务，而不是三洋的家电制造。在当时，三洋是全球最大的锂电池厂商，松下才屈居第四。在金融危机的背景下，松下吃下三洋锂电池，成为该领域的霸主。

当然，三洋在家电领域的竞争力依旧较强，尤其是其在印度尼西亚、越南、菲律宾建立的庞大的冰洗生产线，虽然如此，松下有自己的盘算，加上在整合的过程中麻烦重重，由此放弃了对此方面的资金投入。究其原因，松下在家电业务的拓展上，无论是技术，还是市场，都不需要如此大规模的激进扩张。

让松下不看重的业务，对于海尔来说，就是金矿一座。负责这项并购交易的海尔集团副总裁杜镜国说道："海尔的目标是成为全球白色家电行

---

1 许意强.海尔并购三洋引发全球白电创新中心东进[N]. 中国企业报，2011-08-05.

业的引领者。此次意向收购三洋电机白电业务是海尔整体发展战略中的重要一步,标志着海尔在日本以及东南亚地区将形成两个研发中心、四个制造基地以及六个地域的本土化市场营销架构,实现未来可持续的成长。"

在杜镜国看来,海尔并购三洋电机业务,尤其是东南亚国家市场的冰洗线,此举标志着海尔在国际化市场拓展中又迈上了一个较高的台阶。此外,海尔的海外市场的成功并购,增强了中国企业拓展国际化市场的信心。

"这项并购可以说是双赢结局,全球白电技术升级相对缓慢,这对三洋这样以技术制胜的品牌来说,卖给海尔这样以规模取胜的企业,最终推动海尔夯实'规模+技术'双驱动模式。" 奥维家电研究院院长张彦斌在接受媒体采访时说道。

原因是,海尔通过此次并购,构建了"产品+品牌+营销"多轮驱动体系,首先,海尔沿着"品牌化扩张路线",遵循"先易后难、先品牌后市场"的路线,进一步夯实我国家电业的国际化扩张的竞争力,更是吹响了我国家电业海外发展的新一轮扩张的号角。其次,海尔并购三洋电机白电,不管是从物流链还是产业链,销售作用都大于品牌作用,这是海尔打造出一条国际化"海尔大道"的新路径。[1]

---

1 许意强.海尔并购三洋引发全球白电创新中心东进[N]. 中国企业报,2011-08-05.

◎ 并购斐雪派克

当海尔成功地并购三洋电机白电后，并购的步伐并未因此停止，而是按照自己的国际化市场拓展节奏，继续展开海外并购。

在这样的背景下，海尔把目光锁定在位于南太平洋的国家新西兰（New Zealand）。据媒体披露，2012年11月6日，海尔先后获得新西兰海外投资办公室、中国国家发展和改革委员会以及青岛市商务局批准，以9.27亿新西兰元（约合7.66亿美元）的价格并购斐雪派克电器有限公司超过90%的股份。此举意味着海尔在国际化市场的拓展能力得到进一步的提升。

当海尔增持斐雪派克股份获得通过后，海尔新西兰投资控股有限公司董事长、海尔白电集团总裁梁海山说道："我们很高兴绝大多数股东认可了我们邀约的价值。我们也对斐雪派克独立董事会在此次增持过程中对邀约的支持及对股东们的指引表示感谢。……我们期待着在斐雪派克的下一发展阶段中与其合作，拓展斐雪派克和海尔进一步的合作机会，加强双方的品牌和业务。"

在此次并购前，海尔在2009年就通过参与投资斐雪派克一项股权融资计划，获得对方20%的股份了，且在该公司董事会中占有两个董事席位。

自从2009年合作开始，在高端市场的渠道营销和研发技术方面，斐雪派克的战略资源就让海尔受益匪浅，尤其是把握全球用户需求、拓展高端市场等方面。

对于此次并购，梁海山毫不讳言其战略意图，他说道："此次增持是海尔全球化品牌战略发展的重要步骤之一，海尔对斐雪派克成功增持后，将能够与斐雪派克携手为中国消费者乃至全球消费者提供真正满足用户不同需求的产品和解决方案。……随着海尔和斐雪派克的更紧密合作，会实现双方在研发、制造和营销等多方面的双赢。同时，我们也相信，海尔和斐雪派克的更进一步合作将有助于海尔继续强化全球竞争优势，更深层次实现本土化和国际化。"

海尔之所以如此评价斐雪派克，是因为斐雪派克是新西兰的顶级品牌。新西兰媒体报道称，在新西兰每一个家庭里，几乎都拥有斐雪派克生产的电器产品，甚至被誉为新西兰国家"国宝"级别的家电制造商。

一位新西兰顾客坦诚地说道："斐雪派克被收购让人从情感上难以接受，它是新西兰人的心头肉。"该顾客补充说，其祖辈都喜欢斐雪派克这个品牌。

据了解，1934年，创始人伍尔夫·费舍尔（Woolf Fisher）和莫里斯·佩克尔（Maurice Paykel）共同创建了斐雪派克（伍尔夫·费舍尔是莫里斯·佩克尔的姐夫），是一家较为典型的家族企业，拥有80多年的历史，在全球厨电品牌中，历史较为悠久。

其后，凭借关爱人性、无畏开拓、不倦探索的创业精神，斐雪派克的业务遍及60个国家和地区，并形成了新西兰、意大利、泰国、墨西哥、美国五大生产基地。[1]在新西兰市场，斐雪派克占据55%的市场份额，位居首位。在澳大利亚市场，斐雪派克排名第二位。

在经营中，斐雪派克的最高决策人一职先后由伍尔夫·费舍尔、莫里斯·佩克尔以及莫里斯·佩克尔的儿子担任。在早期阶段，斐雪派克主要进口冰箱和洗衣机。几年后，斐雪派克开始进行洗衣机制造。1968年，斐雪派克的洗衣机产品开始销往南太平洋及东亚地区。其后，斐雪派克先后在新西兰证交所（New Zealand's Stock Exchange，简称NZX）和澳大利亚证券交易所（Australian Securities Exchange，简称ASX）上市。20世纪80年代末，斐雪派克的洗衣机开始在欧洲市场销售。

当然，斐雪派克之所以能够成为新西兰的国宝级制造商，是因为斐雪派克自身的产品研发和革新。在产品制造上，斐雪派克开始从事洗衣机和冰箱产品的组装，其后，凭借自己的研发实力，推出当时世界最先进的自动洗衣机技术Smart Drive、Dish Drawer双抽式洗碗机、掺铟无痕缎纹不锈钢产品以及发布世界上第一个大容量顶部加载干燥机Smart Load TM等。[2]当然，斐雪派克不仅注重研发，同时还将自己研发的新技术公开，促进行业变革，以此赢得顾客的认可。

1 Jack. 海尔的砝码[J]. 数字商业时代，2013（01）：21.
2 宋扬.斐雪派克 世界顶级厨房电器布局中国[J].优品，2012（02）：196.

正是斐雪派克立足顾客需求、坚持以顾客需求创新，由此拥有极佳的研发实力。当斐雪派克拓展澳大利亚市场后，斐雪派克的实力得到国际家电厂商的好评。2003年，斐雪派克与惠而浦签订战略合作协议，先后并购美国厨房电器生产商与分销商动态烹饪系统公司（Dynamic Cooking Systems Inc）以及意大利厨房电器商艾尔巴（Elba）。

正当斐雪派克有序地拓展国际市场时，美国次贷危机引发了2008年全球金融危机。在此危机的影响下，斐雪派克的高速发展戛然而止，销量由此开始大幅地下滑。即使在新西兰、澳大利亚、美国以及欧洲市场，斐雪派克的销售额也都出现了长期连续下滑的势态。

金融危机的蔓延，让斐雪派克背负沉重的债务，由此逐渐地陷入经营困境。斐雪派克曾对外公布，2008年4月–2009年3月，斐雪派克共亏损9530万新西兰元。

斐雪派克出现亏损后，斐雪派克开始了自己的自救之路。先是与新西兰银行商定了具体的救援斐雪派克计划，包括向策略投资者发行股份等措施。其后，斐雪派克接洽了一直试图打造中国全球品牌且又在不断地进行海外市场扩张的海尔。

2009年5月27日，斐雪派克在官方网站公开了自己的股权融资计划。随后，海尔向其表达投资意向，又以2850万美元的价格，购买了20%的斐雪派克股份，并获得两个董事会席位。至此，海尔与斐雪派克的姻缘就此开始。

海尔的积极救援，让斐雪派克渐渐地摆脱了困境。当海尔以2850万美元，购买斐雪派克20%的股权成为其最大股东后，斐雪派克的股价即刻开始上涨，其涨幅超过50%。对此，中信证券上调了海尔2010年至2012年的3年的股票收益，每股收益增至0.72、0.89和1.09元，净利润年增长率分别为26.3%、23.6%和22.5%。[1]中信证券之所以很看好海尔的未来三年的盈利预期，是源于其救援的斐雪派克。在高端市场上，海尔不管是营销，还是研发资源，在把握全球用户需求、开拓全球高端市场等方面，都将从斐雪派

---

1 宋玮，康怡.海尔收购新西兰家电巨头背后：不得不做[J].财经，2012（11）.

克收获更多的研发和渠道推广经验。

　　海尔在驰援斐雪派克，成为其股东时，海尔与斐雪派克还签订了一份战略合作协议。该合作协议内容包括开发高端家电，为海尔和斐雪派克两家公司的用户提供解决方案；在全球基础上加强企业合作，规划公司与产品的发展，利用、补充和强化两家公司的技术优势；协调两家公司的全球生产资源以降低生产成本，优化公司采购的成品、元件、材料和机械以降低采购成本；在全球基础上加强售后服务合作。[1]根据战略合作协议，由此拉开了海尔与斐雪派克合作的序幕。海尔与斐雪派克合作的项目较多，尤其是洗衣机研发制造技术。例如，洗衣机的碳发电技术等。2010年底，海尔与斐雪派克共同研发的匀动力洗衣机，颠覆传统水平旋涡式洗涤模式，创新上下翻滚洗涤模式，具有省水、防缠绕、低磨损等特点，开创了洗衣机行业均匀洗涤新时代。该产品获得IFA国际消费电子展颁发的"2010年度最佳技术创新奖"。2011年3月，海尔与斐雪派克进一步签订"绿色洗涤技术研发合作协议"。2012年，海尔推出的"水晶"系列滚筒洗衣机，是与斐雪派克共同开发的又一力作。该产品采用"S—D plus芯变频"技术，具有噪声低、洗净度高、节能环保等特点。此外，斐雪派克还为海尔设计生产直流电机。据了解，首批产品已于2012年4月交付海尔使用。[2]与海尔的合作，同样也让斐雪派克受益。斐雪派克曾称，与中国海尔的合作，凭借海尔的渠道和资源，斐雪派克由此成功地撬开中国市场，此外，斐雪派克还可以通过海尔的资源辐射到中东及非洲市场。

　　在以往，斐雪派克要想凭借自己一家之力，是很难完成如此复杂的市场拓展的。在中国市场，海尔获得斐雪派克独家营销和分销的资格，海尔通过自家的渠道和资源进行有效的推广，尤其是海尔把斐雪派克作为高端子品牌，并协助其冰箱、洗衣机进入中国高端百货商场。在新西兰和澳大利亚两个市场，斐雪派克则通过其渠道和资源，助力拓展海尔自有品牌产品。

　　经过几年的合作，海尔有意并购斐雪派克的更多股份。2012年9月11日，海尔拟以每股1.20新西兰元、总计大约8.69亿新西兰元的价格向斐雪

1 苏庆华.海尔：海外扩张的新起点[J].当代经理人，2009（07）：102-103.
2 任芳.成功收购斐雪派克 海尔进一步推进全球化战略[J].电器，2012（12）：66-67.

派克发出并购邀约，试图并购更多的股份，以此实现完全控制斐雪派克的战略。

让研究者没有想到的是，海尔并购斐雪派克的进展却不顺利，该公司独立董事们一致建议股东拒绝海尔继续收购斐雪派克更多股份的邀约。

斐雪派克董事会主席基思·特纳（Keith Turner）说道："斐雪派克的合理股价应该在1.28～1.57新西兰元之间，……因此，我们建议股东们不要接受海尔的收购邀约。"

对于斐雪派克不接受海尔的收购邀约，海尔回应解释称，斐雪派克独立董事们之所以对其估值范围过于乐观，是因为他们没有准确地把斐雪派克未来五年战略计划包含的风险计算在内。梁海山回应说道："如果邀约不成功，斐雪派克的股价很可能会大幅下滑。"

邀约收购斐雪派克受阻，让海尔再次评估此次并购。2012年10月18日，海尔接受斐雪派克董事会主席基思·特纳的每股1.28新西兰元的建议，由此达成了并购共识。

2012年11月6日，海尔以9.27亿新西兰元并购斐雪派克。这意味着海尔拥有斐雪派克的股份超过90%。在此次收购中，有媒体批评称，斐雪派克的规模过小，相对年收入超过千亿元的海尔而言，其影响微乎其微。海尔财报显示，2011年，海尔年收入为233亿美元。斐雪派克2012财报显示，其总收入仅为10.38亿新西兰元（约合8.41亿美元）。

与海尔相比，简直就是天壤之别。对于媒体的质疑，海尔回应称，在全球化发展进程中，任何有利于公司发展并对当地市场、消费者乃至社会发展起积极作用的合作机会都在海尔的考虑范围之内。此次增持是海尔全球化品牌战略发展的重要步骤之一，有助于海尔在新西兰、澳大利亚以及欧美市场稳固地位。斐雪派克拥有诸多的技术专利以及研发资源。海尔和斐雪派克的更进一步合作，能为全球消费者提供真正满足用户不同需求的产品和解决方案，继续强化海尔的全球竞争优势，在竞争激烈、充满挑战的全球市场中保持领先和增长，并实现双方在研发、制造和营销等多方面的双赢。[1]在此次

并购中，梁海山说道："海尔对目前的状况非常满意，未来将通过与斐雪派克的进一步合作，更深层次地实现海尔的本土化和国际化。"

　　在收购斐雪派克前，梁海山曾代表海尔做出承诺，斐雪派克将保持公司的独立运营和当地的管理团队，海尔将支持斐雪派克发展成为一个真正的全球高端品牌。2015年，海尔集团将其持有的斐雪派克相关资产委托给青岛海尔进行经营和管理，并承诺于2020年6月之前向青岛海尔注入斐雪派克相关资产，以全面解决同业竞争事项。2017年6月，青岛海尔宣布收购斐雪派克生产设备有限公司之100%股权。由此开始，斐雪派克已经成为青岛海尔全球化战略版图不可缺失的一环。

　　可以说，打造高端品牌一直是张瑞敏的梦想。张瑞敏说道："海尔缺乏高端品牌，但全球开拓能力强，正是这样的互补性优势促成了此次收购的成功。……新公司的定位将不仅仅是高端品牌的保留和发展，而是不断产生颠覆性创新，在世界上产生引领作用。"

　　2018年4月25日晚间，海尔发公告称，拟以一次性支付现金的方式，从控股股东海尔集团手中承债式收购海尔新西兰投资控股有限公司，并间接收购其全资持有的斐雪派克100%股权，股权交易价格约人民币19.06亿元，承接交易标的股东借款本息的价款约人民币36.13亿元。此次青岛海尔收购斐雪派克不仅是海尔集团履行其解决同业竞争承诺的重要举措，也是青岛海尔践行公司全球大厨电战略，提升高端市场优势的重要跨越。[1]

1　青岛海尔拟收购斐雪派克 品牌集群打造业绩新增长点[N]. 每日经济新闻，2018-04-26.

◎ 并购通用电气家电业务

2016年1月15日，海尔公告称，海尔拟以现金方式并购通用电气（General Electric，简称GE）的家电业务，交易金额为54亿美元。作为交易的一部分，在青岛海尔的控股下，通用电气家电将继续使用通用电气旗下的品牌组合向市场销售产品，初始使用期限为40年（包括两个为期10年的延长使用期）。[1]此后，海尔与通用电气双方就交易金额再次进行了协商，最后调整的交易金额为55.8亿美元（约合人民币366亿元）。

2016年6月7日，海尔发表声明称，二者交割已完成，这意味着通用家电也被海尔揽入怀中，成为海尔的一员，同时也标志着海尔完成中国家电业最大一笔海外并购。

美国通用电气公司创立于1892年，至今拥有100多年的历史。据了解，其历史可追溯到托马斯·爱迪生（Thomas Alva Edison）于1878年创建的爱迪生电灯公司。1892年，爱迪生电灯公司和汤姆森-休斯顿电气公司（Thomson-houston Electric Company）合并，通用电气公司由此诞生。

作为一家美国的百年企业，通用电器公司是世界上最大的提供技术和服务业务的跨国公司，业务涵盖飞机发动机、发电设备、金融服务、医疗造影、电视节目、塑料等等。在被海尔并购前，通用电气家电产品拥有较高的美国市场占据率。截至2015年9月30日，GE家电的账面净资产高达18.92亿美元（未经审计），增值率185.41%。

正因为如此，海尔并购通用电气家电业务无疑会进一步地提升自身的全球竞争力，这为海尔成为全球白电第一品牌打下坚实的基础。同时也说明海尔在自己的国际化布局上，更加看重美国市场。

究其原因，通用电气家电业务北美领先，其总部位于美国肯塔基州路易斯维尔（Louisville）。据了解，该城是肯塔基州最大的城市。此外，通用电气家电业务在美国5个州拥有9家工厂，并拥有世界一流的物流和分销能力，以及美国市场强大的零售渠道关系。

---

1 孙聪颖.海尔收购GE家电 国际化再下一城[N].中国经营报，2016-01-23.

数据显示，2014年，通用电气家电业务的营业收入达到59亿美元和约4亿美元息税折旧摊销前利润（Earnings Before Interest，Taxes，Depreciation and Amortization，简称EBITDA）。此外，通用电气家电业务拥有约12000名员工，其中96%在美国本土。

对于此次并购的交易价格，相关证券机构分析师认为，其收购价格相对合理。原因是，截至2015年9月30日，通用电气家电业务对应的净资产达到18.92亿美元，对应的平均市净率（Price-to-book Ratio，简称PB）达到2.85倍。按照2016年1月15日的收盘价统计，A股白色家电市净率的中枢值为3.88倍，美的集团、格力电器以及惠而浦的市净率分别为2.54倍、2.52倍、2.07倍[1]，加上此次并购标的股权以及资产的付息债务早已剥离，由此判断海尔此次并购的估值相对较为合理。

此外，本次整合包括通用电气家电所持有的位于墨西哥的家电企业Mabe的48.4%的权益，Mabe已与通用电气家电保持业务关系并共同运营一家合资企业长达28年。作为交易的一部分，在青岛海尔的控股下，通用电气家电将继续使用通用电气旗下的品牌组合向市场销售产品，初始使用期限为40年。（包括两个为期10年的延长使用期）

在通用电气的战略中，之所以要出售家电业务，缘于自己的战略规划。2015年，通用电气就开始重整自身的集团业务，再次确立以能源、医疗等领域作为自己的核心业务，将家电等消费型业务剥离。

2015年7月，通用电气就曾公开出售家电业务板块。经过几轮竞标，伊莱克斯开价33亿美元成功中标，但是却遭遇美国司法部的干涉，该项并购案失败。

此后，包括中国海尔和韩国三星、LG等在内的家电企业纷纷表达并购意向。经过与通用电气的沟通，海尔最终中标，当然，海尔的中标，不是因为交易价格，而是自身的战略布局方案。

海尔承诺，在通用电气家电业务收购后，通用电气家电业务板块仍将独立运营。不仅如此，海尔承诺将继续投资在美国的业务以推动其增长，

---

1 张斯.海尔拟54亿美元并购GE家电业务[N].每日经济新闻，2016-01-18.

同时也不会因此交易带来任何设施关闭或岗位流失。[1]正因为如此，一些批评的声音由此而来。对于全球化扩张的企业而言，人力资源和知识资产要进行跨文化、跨学科、跨组织边界的整合。[2]

这样的批评的确是善意的，毕竟海外并购就意味着跨文化、跨学科、跨组织边界整合问题。既然海尔积极地展开海外并购，自然是做好相关准备的。正因为如此，市场分析师非常看好此次并购，分析师认为，此次并购通用电气家电，既是海尔扩大美国市场的一项重要战略布局，也为海尔在美国市场的业务增长打下基础。

并购前，通用电气家电业务发展较好。数据显示，2015年前三季度，其收入高达46.58亿美元，息税前利润也有2.23亿美元。此外，通用电气是美国名列前茅的品牌，且长期占据第二大家电品牌位置，在空调、冰箱、洗衣机、洗碗机、热水器等方面都表现不俗。

从这个角度来看，不管是品牌价值，还是现金流，通用电气家电业务的市场潜力不可小觑。海尔有关负责人介绍说道："GE家电是现金流比较好、可持续成长和盈利的标的。"

该负责人称，通用电气家电在2016年有很好的增长表现。其理由是，2012年以来，通用电气在家电业务上先后投入10亿多美元，包括领先产品研发、生产设备改造。该负责人说道："我们考察了GE的研发团队、研发产品及改造后具有现代化能力的工厂，并跟GE管理层和营销、研发、物流的团队交流，管理团队对未来的增长很有信心。"

并购前，海尔有关负责人也对通用电气家电业务做过尽职调查，海尔之所以并购其业务，一方面是该业务可以提升海尔的国际化水平，同时还因为通用电气剥离电器业务不是经营不善，而是服从其自身战略方向调整，通用有意将经营重点转向基础设施业务领域，比如能源、医疗、家庭、交通运输、金融等。

这样的依据是，2015年1月至9月，在通用电气家电板块中，厨房电器产品的销售收入高达13.86亿美元，占总收入的34.15%。这样的业绩可以证

1 王春晖.海尔集团战略携手通用电气 青岛海尔将整合其家电业务[N].中国证券报，2016-01-15.
2 孙聪颖.海尔收购GE家电 国际化再下一城[N].中国经营报，2016-01-23.

明该业务占据通用电气家电业务中最具技术优势和竞争实力的子业务，尤其是厨电业务，却恰恰是海尔家电的短板。并购这样的业务，尤其是在中国本土市场，引进通用电气的厨电技术和理念，将其本土化，以此实现海尔在中国本土的厨电业务快速增长。

更为重要的是，除了通用电气家电未来代工业务订单可能转移至海尔外，通用电气家电业务强大的研发能力无疑是海尔看好的，一旦与海尔五大全球研发中心有效地协作，智能制造、互联网工厂以及供应链采购等多方面将产生协同效应，同时借助于通用电气家电在全球的渠道优势，将有利于海尔在美国以及全球业务的拓展。

关于并购通用电气家电业务问题，商务部国际贸易经济合作研究院国际市场研究部副主任白明评价较高。白明认为，海尔并购通用电气家电业务，有利于促进海尔国际化战略的落地，尤其是在美国市场的本土化至关重要。白明说道："海尔可以借此在美国市场获得更理想的竞争站位。……海尔并购的不仅仅是家电业务部门，而且也并购了通用电气的相关管理团队、营销渠道、客户群体、品牌认可度等主要资源。"

凭借通用电气在美国市场自身的较好品牌形象，海尔由此一举进入美国市场前三，快速地提升海尔自身在北美、拉美的市场份额，快速地实现了弯道超车。

此次因为通用电气自身发展战略的转型，进行相关业务的调整，打破了全球家电企业的市场平衡。海尔成功地抓住这次机会，由此快速地壮大，对提升中国企业的品牌形象来讲，其意义非常重大。

中国企业走出去的背后，还有一个重要的因素就是中国家电企业的自身转型。中国机电进出口商会家电分会副秘书长周南在接受媒体采访时称，当中国的贸易额在全球占到20%，汇率、产业升级压力增大，正如德国、日本走过的道路一样，中国企业今后不能再单纯用"制造输出"，而是要用"品牌输出""技术输出"来影响全球，未来一些欧洲、美国、日本的家电品牌将逐步换成中国品牌。[1]正因为如此，中国家电企业拓展海外

1 张斯.海尔拟54亿美元并购GE家电业务[N].每日经济新闻，2016-01-18.

市场，尤其是发达的欧美市场，顾客需要的是高品质的家电产品，对价格自身并不敏感，且对品牌忠诚度往往更高。基于此，中国家电企业并购海外品牌，既解决了产品品质，又解决了品牌推广问题。

在目前的全球家电市场版图上，作为家电制造和出口大国，不管是家电产量、出口量都稳居世界首位，但是，一个让中国企业尴尬的问题是，中国家电自主品牌的出口量仍很小，仅仅占到海外整体市场份额的2.46%。在这2.46%中，海尔品牌占到89%。

一直以来，海尔都在致力打造世界一流品牌，这就是海尔并购通用电气家电业务的一个原因。事实证明，在海外并购中，海尔不是唯一一个国际化的中国企业。在最近几年中，中国家电企业为了拓展海外市场，加速海外收购的节奏，仅2015年下半年以来，创维并购德国电视机制造商美兹（METZ），海信收购有"液晶之父"之称的夏普电视北美业务。在之前，TCL收购法国彩电品牌汤姆逊和手机品牌阿尔卡特。

相比于西方发达国家市场，在2015年，中国家电行业景气度持续下降，尤其是空调子行业持续处于去库存阶段，公司业绩也受到一定影响，2015年1～9月份公司收入和净利润分别为626.37亿元和34.31亿元，同比分别下降11.14%和18.62%。为了有效地解决中国家电市场整体需求低迷的问题，中国家电企业积极地进行海外并购，这不仅成为中国家电企业自身进行国际化市场的一个尝试，同时也是中国家电企业提升品牌的重要途径。

海尔再造

Haier

2014年以来，"转型"成为企业界的一个管理热词，似乎不提及就有点跟不上形势的需要。关于转型，张瑞敏曾经在公司内部讲话中用八个字——"自杀重生、他杀淘汰"来解读转型的紧迫感。

回顾这几年"栽跟头"的巨头企业就不难发现，柯达公司因为没有选择"自杀"，而是放弃最先研发的数字照相技术，死守胶卷照相技术，结果被"他杀"了。又如当年手机巨头诺基亚，放弃选择安卓系统，最终被苹果"杀"了。反观诺基亚的衰落，仅仅用了4年时间，市值竟然蒸发了千亿美元，这样的教训值得中国传统企业反思。

不管是柯达，还是诺基亚，跨国公司"栽跟头"的浪潮让张瑞敏忧虑。在这样的背景下，张瑞敏不得不开启"自杀重生、他杀淘汰"的转型引擎，风风火火地启动了海尔史上最为惨烈的"自杀"工程。仅仅在2014年，海尔就裁员1万人，而之前，海尔就已经裁员1.6万人。

可以肯定地说，海尔的"自杀重生、他杀淘汰"的转型，与其说是传统企业向互联网公司转型的一次伟大尝试，不如说是一个传统企业血与泪的变革创新。究其原因，在这个转型过程中，互联网技术带来的管理革新，已经颠覆传统的管理模式，传统的边界已经缺乏理论支撑，而消费者的个性化需求越来越强，这都为企业转型带来新的挑战和难度。

◎ **全系统颠覆尝试**

作为传统企业，要想成功转型，必须有全系统颠覆的心理准备。为此，张瑞敏说道："最近哈佛商学院把海尔案例写成哈佛商学院案例，我倒没觉得我们做得多好，但我们力争把握大方向，把'互联网+制造'具体化，做互联工厂。互联工厂不是一个工厂的转型，而是一个生态系统，整个企业全系统全流程都要进行颠覆。"

在张瑞敏看来，只有把传统企业做成一个生态，由此进行全系统的颠覆式转型，才能改变价值链的核心。张瑞敏说道："互联网转型只有开始没有结束，是不断优化迭代和完善的过程。海尔的目标是成为真正的互联网企业，全球的大企业都遇到在互联网时代如何转型这个难题，但是都没有找到答案。现在海尔还是在没有路标的情况下不断探索试错，取得了一些样板成果，很多企业也在学海尔，也得到了国际一流商学院、学者的认可，所以现在海尔处于'找对路'的阶段。"

张瑞敏的观点极具借鉴性。回顾企业经营历史不难发现，在过去，大规模的生产能力成为那个时代最核心的竞争优势。在经典喜剧电影《摩登时代》中，高耸的烟囱，机械化的流水线曾被誉为西方工业文明的象征。在如今"互联网+"的冲击下，现代工业的新符号则是工人拿着平板电脑控制复杂工艺。在"互联网+"的滚滚洪流中，传统的制造企业也顺时而动，在数字化的虚拟空间中完成"互联网+"的转身。在这样的变革中，生产流程无疑被改造，甚至被颠覆。

既然企业转型如此重要，可能读者会问，什么是企业转型呢？所谓企业转型，是指企业长期经营方向、运营模式及其相应的组织方式、资源配置方式的整体性转变。

从这个定义不难看出，企业转型能够重新塑造竞争优势、提升企业的竞争能力。在当前，中国大多数企业转型，属于企业自身的战略转型。一般地，企业转型可分为广义转型和狭义转型：

（1）广义转型。企业转型是一个较为宽泛的称谓，往往被用于描述企业的变革行为。在相关文献中，相关词语就有转型、转制、转轨、转行、战略转换，等等。如果单纯仅从文字上理解，那么上述词语都可以归类为企业转型。

（2）狭义转型。一般地，当企业经营者做出企业转型的战略决定时，往往有着强烈的动因。企业大多数都由于其所处行业的竞争能力不断降低，以及其竞争优势衰退或者丧失；或者由于企业所处行业的衰退，其发展前景黯淡。为了提升企业竞争力，不得不迫使企业经营者通过组织变革来提升企业内在的竞争能力。

基于此，外部环境的恶化迫使企业经营者不得不主动或者被动地实施战略转移，寻求新的盈利增长点，让企业挖掘商业潜在的巨大蓝海市场。谈及传统企业的转型，张瑞敏在经营管理实践中总结说："互联工厂要的不仅仅是高效率，要的是高精度，也就是从大规模制造变成大规模定制。"

在张瑞敏看来，在"互联网+"时代，高效率已经不是全部竞争优势，只有成功从大规模生产转到大规模定制，这样的转型才能使得传统企业更具竞争力。

在传统工业时代，用户在家通过互联网动一动鼠标键就能够"造"出一台冰箱，这样的事情无疑是天方夜谭。然而，在"互联网+"时代，海尔位于沈阳的冰箱无人工厂却把这样的科技梦想照进了现实。

互联网作为一种通用目的技术（General Purpose Technology）和成本最低的基础设施，和100年前的电力技术、200年前的蒸汽机技术一样，将对人类经济社会产生巨大、深远而广泛的影响。[1]不仅如此，由于互联网本身天然地具备全球开放、平等、透明等特性，这就使得信息、数据在工业社会中被压抑的巨大潜力爆发出来，转化成巨大生产力。正是这样的技术积累，给传统企业的产品设计研发迭代提供了土壤。

在阿里研究院院长高红冰看来，当下火热的"互联网+"，是以互联网为主的一整套信息技术（包括移动互联网、云计算、大数据技术等）在经济、社会生活各部门的扩散、应用过程。

---

1 许筠."互联网+"是什么[J].群众·决策资讯，2015（03）.

海尔传

在这个扩散、应用过程中，"互联网+"最大的价值就是连接，这就意味着传统企业将自己与用户拉到了同一水平线上，传统企业和用户也不再需要跨越维度的沟通。早在2014年，中国移动互联网时代的到来，将原来PC（个人计算机）上每天8小时的无缝连接改写成为每天24小时。从这个角度来看，只要传统企业愿意，客户可以遍及世界的任何一个角落。不仅如此，互联网给了传统企业与消费者更高效、更低成本的一个连接机会。不仅规避了传统商业社会对于资源的损耗和低效利用，同时也使传统企业在组织升级中提升管理效率。

鉴于此，作为中国家电业最先开启互联网转型的代表企业，海尔沈阳冰箱工厂凭借"智能交互制造平台"前联研发、后联用户手段打通整个生态价值链，实现了用户、产品、机器、生产线之间的实时互联[1]，为用户在家中通过互联网定制自己钟爱的冰箱提供技术支持。

当前，以"互联网+"为基础的工业4.0浪潮正在影响全球的制造业，中国编制的《中国制造2025》将工业智能化作为未来产业发展的重要方向。可以肯定地说，海尔沈阳冰箱无人工厂以智能互联为基础，以用户个性化定制为主线，以全流程整合为途径，已俨然成为"中国制造2025"率先实践的最佳样本。[2]"90后"女用户小郑刚刚租了一套房子，想要买一台适合她用的冰箱。在小郑看来，跑到实体店去货比三家是一件挺"过时"的事情。

小郑更愿意直接到网上商城去定制一款属于自己的心仪冰箱。究其原因，是小郑可以对颜色、款式、性能、结构等特征做全方位的选择，之后下了订单就万事大吉。不仅如此，小郑还可以通过互联网随时查看自己定制的冰箱到了哪一个工位、哪一个工序、有没有出厂、有没有开始送装。

在工厂中，小郑的定制冰箱订单需求被传递到生产线的各个工位上，工作人员根据用户需求进行生产和优化，在生产线上，1万多个传感器充分地保证了产品、设备、用户之间的互联沟通。工作人员只需要把配件随机放进吊笼里，生产线就可以根据用户定制的型号自动检索。生产完该型号的产品，系统会自动知道下一个型号的产品是什么，自动进行切换，10秒

1 曹煦.未来已来 从"制造"到"智造"的中国实践[J].中国经济周刊，2017（39）：18-27.

2 陈莉.探访海尔冰箱沈阳智能互联工厂[J].电器，2015（02）：48-50.

钟之内完成，通过这种方式满足用户个性化定制的需求。[1]小郑定制冰箱的场景不是发生在科技大片中，而是正发生在海尔智能工厂的流水线上。当然，海尔将这一切得以实现的关键是：海尔从一个家电制造商转型成为一个大型平台公司。在这个平台上，活跃着无数的小微团队——他们有些来自集团内部孵化，有些则是外部团队入驻。[2]众所周知，个性化的定制产品不同于以往的批量化生产，即使是同样一款家电产品，往往会根据不同用户的特殊需求调整不同的生产流程。为了达到用户的个性化定制，在海尔平台上活跃着的无数小微团队，轻松地将该产品进行模块化分解，让每个团队认领一个或几个自己擅长的模块进行生产，最后在海尔的智能车间中进行最终拼装。[3]海尔小微团队这种先化整为零，再化零为整的做法，有效地实现"大规模定制化"生产。

事实证明，海尔转型的成功，不仅仅是一次勇敢者的探索，也是一次全系统颠覆的尝试。张瑞敏在山东省"互联网+制造"会议上演讲时谈道："我们内部有一句话：顾客是什么，付款就是销售的结束，顾客给你付款之后跟你就没有关系了。但现在，付款应该是销售的开始，甚至付款之前他就要介入，参与你的前端设计。"

要想做到这一点，工厂需要改变，把传统企业变成互联工厂，由此满足用户个性化需求。张瑞敏介绍说："个性化需求来了之后，需要虚拟设计，加上智能化制造，而不是你在车间里头来导入这些事儿。比如我们收购新西兰的斐雪派克，在青岛建立一个电梯厂，它的设计在新西兰，设计通过网络传过来，生产线接收它的设计来制造。用机器换人可以实现高效率，但是互联工厂要的不仅仅是高效率，还有高精度，我们现在正在做的就是怎样把用户个性化需求在互联工厂实现，也就是从大规模制造变成大规模定制。"

在张瑞敏看来，从大规模制造变成大规模定制需要用户的参与。张瑞敏说道："我们现在有很多的用户个性化需求来了之后，我给你制造，

1 刘醒，向琳.有温度的互联网才能+[J].现代商业，2015（35）：6-9.
2 王超凡．海尔"拆墙"——从产品到创客的边界突围[J].经理人，2016（05）：32-34.
3 互联网+的终极期许[J].现代商业，2017（12）：5-8.

是把设计、制造、包装的全过程发到你的手机上，用户必须参与进来，有人说这是透明工厂。现在这个量还不大，因为有十万个用户提出十万个需求，我总归不能给你做十万个不同的产品，因此这一个用户圈应该是互相交互，交互到最后实现一些比较集中的型号，形成新产品。"

张瑞敏的洞察力是具有前瞻性的。在张瑞敏看来，颠覆组织结构有三个好处：

第一，可以适应信息化时代快速多变的市场。由于市场变化太快，如果等到市场变化反馈的信息后，经营者再做决策已经晚了。张瑞敏举例说道："我们的产品到农村很受欢迎，电冰箱、洗衣机都有防鼠板。但我们的一线人员很快发现防鼠板不管用，老鼠进化了，4厘米的小老鼠就可以繁殖下一代，原来的防鼠板根本防不住老鼠了。他们在现场马上采取措施把这个问题解决了，类似这样的事非常多。"

第二，解决内部博弈的问题，形成"人单合一"的企业文化。据张瑞敏介绍，"人"的对象是员工，而"单"是指市场目标，而非狭义上的订单。鉴于此，只有激活每个员工完成自己的市场目标，才能真正地与市场目标协同起来，最终变成员工与公司双赢。

第三，对传统管理会计进行新的探索。据张瑞敏介绍，海尔推行的新探索，得到美国会计协会的认可。张瑞敏说道："现在美国的管理会计已经到顶了，很难突破了，海尔所做的这一切提供了一个突破现有管理会计的新思路。"[1]回顾1984年以来的海尔企业文化——"海尔，中国造""海尔，世界造""海尔，网络造""海尔精神 海尔作风"——不难看出，海尔的自我变革和转型都在积极地探索中。

---

1 张瑞敏. 海尔："凡墙都是门"[J]. 中外管理，2009（07）：136-138.

表9-1 1984年至今的海尔企业文化

序号	企业文化	时间段	海尔精神	海尔作风
第一代	"海尔，中国造"	1984.12.26–2005.12.26	无私奉献、追求卓越	迅速反应、马上行动
第二代	"海尔，世界造"	2005.12.26–2016.12.26	创造资源、美誉全球	人单合一、速决速胜
第三代	"海尔，网络造"	2016.12.26–2019.12.26	诚信生态、共享平台	人单合一、小微引爆
第四代	"海尔精神 海尔作风"	2019.12.26 至今	诚信生态、共赢进化	人单合一、链群合约

　　第四代"海尔精神 海尔作风"与第一代"海尔，中国造"的区别在于，共享平台升级为共赢进化，小微引爆升级为链群合约。共赢进化，就是和用户一起进化，这体现了区块链的一个很重要的特征——去中心化的用户自信任。去中心化之后，用户可以信任你，是因为他和你共赢进化，某种意义上说，用户也是一个创造者。链群合约，体现了区块链的另一个很重要的特征——去中介化的价值自传递。因为在链群合约里，所有的价值，所有的节点，都是融合在一起的。[1]

1 海尔集团官网.海尔集团简介[EB/OL].(2023-08)[2023-10-28].https://www.haier.com/about-haier/intro/.

◎ 裁掉中间管理层

回顾中外的企业管理不难发现，自从社会学家马克斯·韦伯（Max Weber）提出科层制以来，大型组织的效率大大提升。然而，随着互联网技术的普及，"去中心化、去中介化"的管理模式颠覆了之前的管理范式。原因是，互联网技术真正地实现信息对称，甚至上级没有下级的信息多，就是去中介化。

在"互联网+"时代，每个员工、每个企业都成为互联网上的一个节点。这样的变化自然会引发传统企业组织架构的升级，向扁平化管理演变，否则无法适应"互联网+"时代的管理要求，必然会遭遇转型困难，甚至是功败垂成。

"人单合一"彻底颠覆了传统的科层制，这就需要把传统企业中的科层制去掉。海尔的做法便是去掉一万多名中层管理人员。在海尔，每一个人都是创业者，而不是执行者；海尔从生产产品的企业转变为孵化创客的平台；企业裂变成上千个自创业、自组织、自驱动的小微组织，自主经营、自负盈亏并按单聚散——能为用户创造价值，就聚到一起；没有，就散掉。

显然，在组织变革上，海尔最有发言权，海尔通过"去中间管理层"的方式进行企业变革，着实有些出人意料。

面对互联网时代的组织变革，海尔曾大刀阔斧地裁掉了1万多名中层管理者。张瑞敏为此解释说："现在有互联网了，所有的信息都可以上传到网上，企业变扁了，很多中间管理层也都要去掉。"

在张瑞敏看来，裁掉了1万多名中层管理者不是为了降低成本，而是为了积极地拥抱互联网，向互联网转型。

可能读者会好奇地问，海尔为什么去掉中间层，而不采用末位淘汰制呢？张瑞敏有着自己的理解，对于组织结构的调整，张瑞敏形象地比喻为"外去中间商，内去隔热墙"，这里的隔热墙就是指海尔的中层管理者。

近年来，海尔一直在推进转型和组织变革，其组织结构因此也进行了大范围调整，拥有8万多名员工的海尔变成了2000多个自主经营体。海尔在企业管理上，主要推进"人单合一"的管理模式，即人是员工，单是用户资源，其意思是把海尔的每个员工及其用户资源连在一起。

一般地，传统企业的组织结构都是金字塔式，在最底层，通常都是一线员工和基层干部，在金字塔的中上端，通常为各层级领导。在组织机构升级中，海尔则把传统的金字塔式的组织结构反过来，各层级领导为员工服务。海尔通过减少行政管理层次，裁减冗余人员，更方便快捷地服务于消费者。因此，对海尔这样一个传统工业组织而言，在互联网时代，实行组织结构扁平化和组织变革，往往去掉的就是中间层。

张瑞敏介绍说道："我用个比较形象的比喻，所有的企业不管是大企业还是小企业都想把自己管理得像非常有序的花园一样，但是现在，互联网来了以后，花园肯定不行了，必须变成一个热带雨林。德鲁克说，互联网最大的贡献是实现了企业和用户之间的零距离，零距离使得企业必须快速满足用户的个性化需求，如果一个企业像一个有围墙的花园，就没办法解决这个问题，所以它必须是一个自然的生态。热带雨林最大的好处，一是可以适应外部的各种恶劣环境，二是可以带来物种的多样化。"

在这样的转型中，新的方法就可能颠覆和重构既有的管理制度和模式。面对"互联网+"技术等的影响，张瑞敏直言："随着时代的发展，必然有新的范式产生，老的范式被颠覆。范式最大的特点是不可兼容，你不能拿后一个范式的标准去检验前一个范式。亚当·斯密在《国富论》当中提到，如果是工业革命以前的小作坊，一个人一天做不了一根针，但是借助流水线一个人一天可以做4800根针。这是范式的转变。但是不管范式怎么转变，有一点是共通的，就是人。你必须把人放在第一位，把人的激情发挥出来。作为资本主义经济学家，熊彼特写《十位伟大的经济学家：从马克思到凯恩斯》，把无产阶级革命家马克思放在第一个，我的感觉是，他认为马克思经济学最重要的是把人放在第一位。"

在张瑞敏看来，只有把人放在首位，所有的问题才能解决。张瑞敏经常讲："企业的'企'字去了上面的'人'就是停止的'止'。所以说企业不能停止，要随着时代不断变化。海尔讲，没有成功的企业，只有时代

海尔传

的企业。所有的企业，你所谓的成功，只不过是踏准了时代的节拍，但是没有任何企业能永远踏准时代的节拍，因为我们是人不是神。"

正因为如此，在企业中，只有激活每个岗位的责任和效率，才能实现效率最大化。在传统的企业管理中，层级的官僚体系导致效率下降。2018年1月1日，张瑞敏在《新年只是一个数字，新我才能迎接新的太阳！》一文中介绍了物联网时代的海尔转型："企业亦复如是。西方传统管理的垂直线性基因根深蒂固，在股东价值最大化的经营宗旨和委托代理激励机制驱动下，无穷尽地追求规模的增长，直到无法增长，终究难逃物壮则老的宿命。"

之所以难逃物壮则老的宿命，张瑞敏认为原因有两点：第一，社会竞争的达尔文主义和"创造性破坏"的企业家精神造就了"财富500强"平均寿命越来越短的事实。西方文明原子论的文化基因伴随三次工业革命的造物奇迹日益固化，直到互联网及其下一个重大经济活动物联网到来的时候，曾经强大的文化基因变成了思想和组织僵化的渊薮。以牛顿力学为基础的经典物理学带我们认识了宇宙的一段时空，更大的空白留给了量子物理学。量子时代，东方文化的系统论思想重新照亮科学和哲学的夜空。不，事实上它从来都没有熄灭过。[1]第二，企业由科层制的钢筋水泥所构

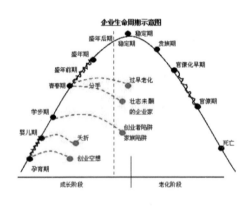

图9-1 企业生命周期示意图

筑，有其自身的生命周期，消失是它的归宿。对此，美国管理学家伊查克·爱迪斯（Ichak Adizes）曾经花费20多年的时间来研究企业是如何发展、老化和衰亡的。在《企业生命周期》一书中，他把企业生命周期分为十个阶段，即：孕育期、婴儿期、学步期、青春期、盛年期、稳定期、贵族期、官僚化早期、官僚

---

1 张瑞敏.新年只是一个数字，新我才能迎接新的太阳！[EB/OL].(2018-01-02)[2023-10-19]. https://www.haier.com/about-haier/founder/speech/20180102_130521.shtml.

期、死亡。

在爱迪斯这个类似画了一条山峰轮廓的企业生命周期曲线中不难看出，有的企业可以在这条曲线上延续几十年甚至上百年。然而，实际上很多企业还没有走完这条完美的曲线就消失倒闭了。成千上万的企业有的仅仅存在几年、十几年，甚至还在成长期就夭亡了。

在爱迪斯看来，原因是企业成长中会遇到许多陷阱，企业没有跳过去。鉴于此，张瑞敏说道："组织是人的价值和使命的共同体，永恒是它的主旋律。封闭的企业帝国要么毁灭，要么变成远离平衡态的自组织，其势如百川归海不可逆转。企业，作为工业革命的产物，已随时代远去，一起被带走的还有曾经牢不可破的科层金字塔，以及垂直线性结构赋予的控制权。如同古代丝绸之路上阿拉伯人驼铃悠扬的商队，企业终将消失在历史的尘烟中。"

究其原因，"人类才是地球的主宰，但不是你，也不是我，没有任何一个人可以主宰世界，只有组织起来的人方可成为这个星球最强大的动物。企业终殁而组织永存，永存的组织必须是符合耗散结构理论的自组织；品牌终殁而生态圈永续，永续的生态圈必须是利益相关各方共创共赢的社群"。

张瑞敏认为，万物互联中，你我，和每一件产品一样，都只是网上的一个节点。一旦成为节点，只有你自己才是自己的中心。而产品，一旦变成网器接入物联网就已失去固有的功能价值，变成服务和解决方案的载体。网络上，任意一个节点的增加都会进一步放大网络效应，任意一个节点的删除都不会影响网络的运行。张瑞敏补充说道："从产品价值到生态圈共创共赢的生态价值，任何企业都无法回避，又难以企及。横亘在两种价值创造网络和价值传递网络之间的障碍不是楚河也不是汉界，它比任何物理的、制度的障碍更难以跨越，因其魔障在我们内心，那是曾经的成功积累的镜像，那是二百年来原子论主导的线性管理的迷雾，唯有以用户乘数理论为基础的人单合一模式方能破题。"

据张瑞敏介绍，人单合一是目前世界上最先探索的适应物联网社群经济的管理模式。与其说海尔首创了人单合一，不如说人单合一选择了海

尔。人单合一的诞生需同时具备三个条件：其一，始终坚持"人的价值第一"的核心价值观；其二，始终坚持共创共赢的创造价值和传递价值体系；其三，始终坚持自以为非的创业创新文化基因。故而，人单合一和海尔都是时代的馈赠和选择，海尔与人单合一同为人的觉醒与礼赞！究其原因，物联网时代在人类进化史上如何定位尚未可知，可以明确的是，物联网时代的企业必须变成生态圈，物联网时代的组织必须变成自组织，物联网时代的管理必须变成人单合一。无论生态圈、自组织还是人单合一模式，又同时必须是不断进化的活的要素。[1]在张瑞敏的管理实践中，尤其是在组织变革中，张瑞敏致力于将海尔打造成一个"没有领导，只有用户"的组织。之所以打造这样的组织，源于张瑞敏对管理变革自身的理解。张瑞敏说道："每个人大脑都有约860亿个神经元，每个神经元都很愚蠢，但是所有连起来，人就是世界上最聪明的。一个电脑不联网就非常愚蠢，联网之后就无所不能。所以说，每一个人必须联网，企业组织要变成网络化的，要颠覆传统的组织层次。"

原因是，当企业越来越大时，其层级就越来越多，谁都找不到方向，只能找到他的上级。为了解决此问题，张瑞敏提出来自己的解决办法："我们现在把它变了，第一个是去中心化，你没有领导，用户就是你的领导；第二个是去中介化，没有什么中间管理层，你自己就是中心。前几年我们在网上受到非常多质疑，就是我们砍掉了一万多名中层管理者，（这些人）只有两个去向，要么你创新，如果不能你就要离开。"

据张瑞敏介绍，现在的海尔没有什么中层管理，只保留像财务、法律、信息等职能部门，只是起一个平台作用，提供各种管理上的资源。张瑞敏说道："这就颠覆了工业革命以来100多年传统企业对员工的定位，现在我们每个人都是创客，每个人都可以决定自己的命运，把自己的价值发挥到最大化。"

为此，张瑞敏把海尔这个传统的组织变成了"三自"：自创业、自组织、自驱动。由此真正地实现"人单合一"的模式。张瑞敏说道："我们

---

1 张瑞敏.新年只是一个数字，新我才能迎接新的太阳！[EB/OL].(2018-01-02)[2023-10-19]. https://www.haier.com/about-haier/founder/speech/20180102_130521.shtml.

去掉中间层之后，现在有几千个小微团队，（团队人员）一般要求不超过8个人。亚马逊CEO贝佐斯说得很好，参会的团队应该很小，最多8个人，两张比萨饼就能喂得过来（一张比萨饼喂4个人，两张比萨饼喂8个人），信息量你可以控制得来。他说得有点像古罗马，古罗马曾经是世界上最强的帝国，作战的时候一个帐篷都不超过8个人，这样的团队就会非常协同。"

海尔这样的趋势无疑在说明一个事实，在"互联网+"时代，只有把多余的层级干掉后，才能完成互联时代的组织架构升级。

在东亚文化中，特别是中国文化中的等级制度不仅影响企业管理，还影响企业的升级和变革。受中国文化影响较深的韩国，这样森严的等级文化依然影响企业经营管理，然而，作为新时代代表的Kakao，却算是一个异类。

翻阅关于Kakao的很多报道，几乎都能看到类似的内容——Kakao Talk产品的研发是由一个4人团队完成的，用时仅仅花了60天。Kakao是一家知名移动互联网公司，主打产品是移动聊天工具Kakao Talk。Kakao Talk是一款来自韩国的免费即时聊天软件，类似于QQ、微信，可供iPhone、Android、WP、黑莓等之间通信。KaKao每日信息发送数量是韩国三大运营商短信总数的三倍。与WhatsApp 55人的团队相比，Kakao的4人团队规模显然要小很多。

这与Kakao实行"4+2"有关，在推出Kakao Talk时，"Kakao这家公司一共开发和推广了52款智能手机服务"，而 Kakao Talk只是由4个人开发出来的一款非常简单的应用而已，但是却蕴含了一个真正的神话。

究其原因，在Kakao，没有设置中高层干部，也没有社长、部长、次长之类的等级职务。Kakao只有三个层级：CEO、部长（职能部门负责人或项目组组长）、组员。尽管Kakao2020年拥有10644个员工，但是部长和组员之间几乎没有实际上的层级区别。

在实际的经营管理中，Kakao都是按照扁平化的企业组织构架来运营。上至董事长、CEO下至普通一线员工，互相之间都直接呼对方的英文名，从不以职务相称。不仅如此，员工经常在两个层级之间发生位置变换。一旦组建一个新的创新项目，曾经在上一个创新项目中担任部长一职的员工

甚至因为其所拥有的技术特征，在新创新项目组中成为组员，提出创新项目的普通员工则可能成为此次团队的组长。

众所周知，受中国文化影响的亚洲传统企业，极度忌讳越级上报。不过，Kakao的员工们却把越级上报变成了一种常态。只要有新的创新项目，任何一个员工都可以直接向CEO层级的领导者陈述自己的创新项目。一旦创新项目被CEO层级的领导者采纳，那么该员工就会成为该项目的带队组长。Kakao这样的激励手段极大地激发了员工的创新热情。

不仅如此，在精神激励的同时，薪水的驱动自然是少不了的。2015年7月14日，韩国招聘求职门户网站"Saramin"公开的数据资料显示，2014年销售额排名前30的风险企业中，Daum Kakao员工的年薪最高，平均为1.75亿韩元（约合人民币95万元）。

可能读者会好奇地问，Kakao没有等级制度，那么以什么样的标准来衡量Kakao员工的个人薪资呢？

答案是，凭借"4+2"的创新效果。所谓"4+2"是指，每一个创新产品小组由4个人组成，其中包含一个产品经理、两个程序员和一个设计师。这4个组员会密集地专注创新项目的开发，一旦创新项目在两个月后没有明显的成效，那么该小组就会立即舍弃，更换下一个创新项目。

这样的做法，足以证明Kakao是一个典型的快速迭代的团队模式，每一位员工都是小团体中的一员。每一个小团体的工作无疑非常简单，即在Kakao Talk母体上，研发更多的创新型产品。

在扁平化的企业组织构架，Kakao恰恰是4个人的小团队，加上两个月的试错期，极大地提高了Kakao在各种创新产品试错上的效率。这样轻量级的研发团队模式反映到产品上，不太可能过于复杂，也不能超过4个人和两个月的承载量。这样的团队模式让过去存在于团队中的各种利益纠葛，被简化到了最低。

在互联网时代，任何产品的风格都崇尚极简主义，这也是移动互联网时代用户最追崇的产品体验。Kakao在降低团队小组冗余的同时，也降低了创新产品的冗余。当然，这主要源于Kakao内部，员工们都不会过多地计较自己的个人得失，一旦"4+2"小组成为Kakao的一个创业团体，便是一荣俱荣，一损俱损。

扁平化的意义绝不仅仅如此。Kakao联合创始人李帝范就坦言："Kakao骨子里透着真正的创业精神。员工能够对新项目迅速做出行动和反馈。如果失败了，小组会修改战略再次挑战，这是Kakao的经营文化。在有着多种机会和危险因素的情况下，与筹划蓝图相比，这种运行方式的成功率更高。"

与传统亚洲企业，特别是以儒家观念来管理、遵循家长制，讲求按部就班、循序渐进的韩国企业相比，Kakao高频度试错却更有效率一些。当然，Kakao的效率必须通过这种扁平化的组织结构保障其正常运行效率，加速创新产品的更新迭代。一旦有过多的中间层，因为有着较多既得利益者，无疑会成为阻碍创新项目的一股保守势力，必然影响创新产品的研发。

Kakao Talk凭借若干个"4+2"小组，解决了没有哪个部门是最核心的问题。简言之，就是去中心化。在互联网这个信息大爆炸的时代，传统企业的旧思维正在被互联网"炸掉"，再伟大的企业也不能再凭借繁冗、庞大的组织规模，而是依靠极简主义的、扁平化的企业组织构架完成企业的繁衍和生长。据韩国媒体报道，作为通信应用的Kakao，其扁平化的企业管理模式备受企业家们推崇。

2014年10月，Kakao与韩国第二大网络搜索公司Daum合并，其后，Kakao成为全球前十大移动互联网公司，其市值达到74亿美元。

在传统企业的组织架构中，上传下达是一套必不可少的固定程序，即向下级传达上级的指令，并监督执行，同时向上级反馈来自下一级的信息。然而，当传统企业遭遇互联网冲击时，传统企业的组织架构正在坍塌，上传下达的程序逐渐地被取代，以极简的组织架构管理企业将成为"互联网+"时代的一个新常态。

究其原因，在过去金字塔结构的企业组织中，通常最为纠结的问题是，哪一个部门为企业贡献了最多的企业利润，哪一个部门是一个不太重要的辅助性部门。当然，这也避免了那些自认为被边缘化的"阑尾"们，就此放任自流或产生内部恶性竞争，最终导致"阑尾炎"。不过，这样的问题在Kakao就不再是问题，在Kakao，盈利并非是唯一的判断标准，不

过，能够黏住用户这个标准才是必不可少的。

Kakao为此以"4+2"团队小组的扁平化模式在移动端重新诠释了"流量为王"的新思维。在Kakao看来，创造有黏合度的小组，就是为创造效益的小组准备的"耗材"流量。为了激活项目创新活力，在Kakao内部引入足球、高尔夫、垒球、拳击……体育运动作为项目组的名字。这种富有游戏精神的项目命名不具备水浒式的排座次功能，仅仅只是一个竞技模式。

Kakao除了即时通信外，还涉足多款移动服务。有一篇报道曾这样描述："Kakao还推出了多款移动服务，其中包括2015年3月份问世的打车应用Kakao Taxi（该服务已占首尔等大城市打车市场50%的份额），移动支付服务Kakao Pay以及针对重度玩家的移动游戏平台（此项服务的用户增长十分迅速）。"

在这篇报道中，我们已经看到Kakao "4+2"小组的战斗力了，Kakao Taxi 2015年3月问世，快速试错，也就两个月的时间，获得大城市打车市场50%的份额。2020年，Kakao Taxi应用程序在韩国的市场占有率甚至高达95%。

在另一篇国内游戏媒体的报道中，还出现过这样一段内容："对比了韩国版和中国版产品，我们得出的结论，这是两款产品。" 据《韩国游戏巨头Kakao进军中国 欲破冰国内市场格局》一文披露，2015年初，Kakao游戏正式进军中国市场，随即发行《全民天团》，对中国市场有了初步认识。随后，Kakao游戏携两款精品手游《别闹怪兽》《可可魔城》试水国内市场，这两款游戏都是韩国本土研发商研发，经过kakao国内团队一年的本地化之后才正式推出，使其更加符合中国玩家的口味。[1]

当然，这也充分体现出Kakao"4+2"小组团队和扁平化管理的活力。究其原因，同一款游戏，负责它的"4+2"小组在韩国本土市场成功了，但如果在中国市场失败，同样意味着该小组产品研发失败。由此激励，整个小组才会有勇气对自己的得意之作推倒重来。

学者乐言高度评价Kakao这个企业："在传统企业中，这种勇气将面

---

1 硅谷动力.韩国游戏巨头kakao进军中国 欲破冰国内市场格局[EB/OL].（2015-12-15）[2024-02-20]. https://www.sohu.com/a/48615882_119813.

临更多的阻力，尤其是来自故步自封想要稳步成功获得高层位置的中层的阻力。扁平化的组织结构能够确保公司一直在年轻状态中冲锋向前。从Kakao的案例中，我们似乎看到了中国传统文人的影子。比如韩愈，在年轻时常作惊人之语（创新），成名并年老时，爱惜羽毛，却越发稳重和保守了……"[1]

---

1 乐言.Kakao："4+2"的活力[J].商界评论，2015（08）：58-59.

海尔传

◎ 平台创客化

按照美国《连线》（*Wired*）杂志总编辑克里斯·安德森（Chris Anderson）对《创客》一书的定义，所谓"创客"，就是个性化和数字化的结合。

对于创客的理解，张瑞敏说道："过去，我想创造一个东西非常难，但是现在利用互联网，我都可以创造。现在有这个条件了，所以要让员工都可以去成为创客。"

不仅如此，2014年11月27日，张瑞敏在《破一微尘出大千经卷——致创客的一封信》中详细地介绍了创客的创业精神："当互联网带来指数科技的繁荣，我们又一次站在了时代的风口，就在大工业发展正在把每一个个体变成机器部件的最危急关头，时代列车转入一个新的轨道，'零距离''去中心化''分布式'的互联网思维把我们带进一个充满生机与挑战的人人时代，一个人人创客的时代。"

张瑞敏有如此危机感，一个重要的原因是，海尔历经30年的转型与自我变革，在全球拥有数以亿计的用户，每一天都有十几万台的海尔产品进入全球市场。面对互联网时代的新挑战，张瑞敏说道："我们剩下唯一没有被时代抛弃的武器是永远的两创精神——永远创业，永远创新。"

在张瑞敏看来，创业精神的天敌，就是自己曾经成功的经验和思维定式。张瑞敏直言："《道德经》云，胜人者有力，自胜者强。海尔文化的基因只有一个密码，那就是自以为非。企业如此，每一个人也是如此。因为，在互联网时代，每一个人都是自己的CEO，每一个人都应该成为创业家。"

创业家与企业家虽然只有一字之差，但是其内涵和本质却有天壤之别。对于其不同，张瑞敏解释说道："企业家还是以企业为中心，而创业家却是以用户为中心。企业家以创造完美的产品和服务为使命，而创业家以创造用户最佳生活体验为中心。企业家以规模和利润为成就标尺，而创业家以用户资源和粉丝为荣耀北斗。企业家以管理和控制为权力之杖，而创业家以自组织为魔法宝盒。成千上万人成就一个企业家，而每一个创新的个体都可以成为一个创业家。正所谓'破一微尘出大千经卷'。创业家，在海尔的创业平台上，你的名字叫创客。"[1]张瑞敏以海尔举例介绍说道："其区别在于，你是生产产品的企业还是生产创客的平台。海尔选择的是，从一个封闭的科层制组织转型为一个开放的创业平台，从一个有围墙的花园变为万千物种自演进的生态系统——创客。在你创业激情勃发的视野里，海尔的名字叫作创客公地。创业初期，我们为社会奉献的是海尔牌产品，进而，我们以向社会提供海尔牌服务为宗旨，今天，我们向社会开放海尔的资源，为创客们提供的将是海尔牌的创业平台。"

在张瑞敏看来，海尔的战略转型，其意义有如下三个：第一，表层意义。海尔向社会开放"U+智慧生活"的API（应用程序编程接口），每一个创客都可以在此基础上延伸开发产品。第二，深层意义。海尔向社会开放供应链资源，每一个供应商和用户都可以参与海尔全流程用户体验的价值创造。第三，本质意义。海尔向社会开放机制创新的土壤，搭建机会均等结果公平的游戏规则，呼唤利益相关各方共建共享共赢。

张瑞敏回顾了海尔的变革之路："自2005年以来，海尔就已经开始人单合一双赢模式的探索和试错，为此，我们不惜放弃对传统绩效的单一追求。在没有标杆的摸索中，我们宁愿承受外界的质疑和批评。但我们没有轻言放弃。因为鼓励我们坚持下去的不是成功，而是对时代精神的求索。"

如今的海尔，已经不再是"海尔是海"，而是"海尔是一朵云"。张瑞敏坦言："海再大，仍有边际。云再小，可接万端。" 在这样的思路下，海尔已经走向开放、开放、再开放的变革之路。张瑞敏说道："在海尔的云创平台上，已经孕育和孵化出一百多个创客小微，他们既有海尔的在册员工离开企业进行的创业，也不乏社会上来海尔平台的在线创业者。他们值得赢得尊重，我也要向他们表示感谢。"

究其原因，海尔的创业平台转型本身也是一种创业，作为平台的海尔，不是三十年历史的海尔，而是一个初生的婴孩、一轮初升的朝日。对于每一个在海尔平台创业的创客，张瑞敏直言："你们既是平台上的创业者，同时

---

1 张瑞敏.破一微尘出大千经卷——致创客的一封信[N].海尔人报，2014-11-27.

也是平台的建设者。致敬，创客！致敬，伟大的创客时代！"[1]正是张瑞敏的转型探索，才有成百上千的创客案例。在这些案例中，既有海尔集团的内部员工，也有外来的创客。如外来创客马钢就是其中一个。资料显示，马钢拥有通信行业工作经验。2014年8月，海尔集团广发英雄帖，向全世界招聘智慧烤箱项目CEO。

经过多轮竞争，马钢最终赢得该职位。2014年9月，马钢加入了海尔的创业平台。在智慧烤箱项目中，海尔集团作为天使投资方，前期投入182万元，马钢和其他创客投入90万元（其中马钢投入了45万元），注册了北京小焙科技有限公司。

2015年1月14日，北京小焙科技有限公司开始正式运行。马钢开足马力，他坦言，尽管压力很大，但是动力也很足："我们憋足劲要搞出真正的差异化产品。"

为了搞好这个项目，马钢及其团队对需求做了大量调研。通过调研，他们把智慧烤箱的市场定位在各类美食高黏度需求人群上。

马钢及其团队通过整合全球资源，创新性地设计出"嫩烤箱"，即在烘焙食物时，烤箱能最大限度地锁住汁水，使得烤熟的食物鲜嫩可口。不仅如此，马钢及其团队在此基础上又推出了手机App功能，鼓励专业烘焙者上传菜谱，马钢介绍："现在已经有一千多个菜谱，用户只需一键点击，烤箱就可以按照菜谱设置来烘焙。"

2015年4月，马钢及其团队设计的、拥有独特烘焙效果和"网络智慧"的烤箱问世后，赢得了投资公司的深度关注。在京东众筹平台上，马钢及其团队在短短几天内就众筹了172万元，其他投资公司也表示了投资意向。

2015年8月，马钢及其团队研发的智慧烤箱估值7000万元，引进风险投资4000万元。这样的资金投入使得北京小焙科技由此进入了高速发展阶段。

在海尔集团的创客平台上，像马钢一样的案例不胜枚举。在这里，我们来分享另外一个案例。杨铁男同样通过海尔创客平台创出自己的事业。

公开资料显示，杨铁男曾经是海尔的员工。2014年，杨铁男与其他几个

---

1 张瑞敏.破一微尘出大千经卷——致创客的一封信[N].海尔人报，2014-11-27.

海尔员工一起创建了有住网。杨铁男坦言："一开始我们想吸引风投，但风投不感兴趣，我们便拿出了自己的钱，有的还把房产抵押出去了，对我们来说就是背水一战。"

2014年8月20日，杨铁男及其团队推出了第一款互联网家装产品——百变加初始版本V1.0。该产品通过预约付款方式，其价格是每平方米599元。

在快装行业迎来春天的时刻，杨铁男及其团队推出全新的互联网预定的标准化硬装方案，引来无数用户的关注，但是真正地付款的用户开始却很少。在这样的背景下，杨铁男焦急不安地度过了40多天。在这段时间里，杨铁男却遭遇"人肉搜索"，强大的网络用户把杨铁男在海尔就职时的工牌都人肉了出来。

"祸兮福所倚，福兮祸所伏"。经过这次"人肉搜索"，"海尔曾经的员工"和"海尔平台创客"这两个身份，反倒帮杨铁男赢得了首批付款客户的信任。2015年7月19日，百变加V1.3开放预约，这次预约的限额从2000人提高到3000人，短短一个多小时，名额就预约完了。在用户的强烈要求下，杨铁男及其团队又在隔日开放了500个预约名额，短短几分钟，名额又被一抢而空……

如今的有住网已经布局全国，在20多个城市拥有近万名预约用户、几十万活跃用户。不仅如此，有住网还赢得1亿元的A轮融资。

《经济日报》记者刘成撰文指出，"海尔创客平台孵化出的互联网家装平台有住网不仅成为业内翘楚，也成为互联网家装行业争相模仿的对象"。

研究发现，像马钢、杨铁男这种"去海尔化"的创客团队还有很多。如海尔产业金融小微。公开资料显示，金融小微的创始成员由知名咨询公司、投资银行以及互联网创业企业组成。

在金融小微，海尔产业金融食品农业金融小微主是邱兴玉，其团队在短短15个月内将业务量突破了10亿元。2015年上半年，邱兴玉以及团队分享了340万元的利润。邱兴玉坦言："虽然我们做的业务和海尔传统业务截然不同，但我们同样把海尔那种先进的管理思想和商业模式理念体现在产业金融解决方案当中。"

邱兴玉以鸡蛋为例子介绍了他们的业务：目前中国养殖业的特点是高度

离散，食品安全难以保证，价格还经常波动。面对这样的问题，邱兴玉及其团队打造了以研发平台、交互平台为核心，以产品为纽带的共创共享平台。该研发平台包括饲料、疫苗、信息系统、养殖设备，等等，尽可能从源头上解决食品安全的难题，给养殖户提供个性化的服务。

公开的统计数据显示，截至2016年1月27日，海尔平台已有3800多个节点小微，除了免清洗洗衣机、雷神笔记本、馨厨冰箱等从传统产业孵化出的小微企业之外，2015年海尔平台又孕育出了有住网、蛋业生态、极车公社、快递柜、社区洗等很多新项目。这些项目中，有些海尔占大股，有些海尔只占小股。[1]

---

1 刘成.海尔试水全面互联网化 转型为"出创客"互联网平台型企业[N].经济日报，2016-01-27.

◎ 打造链群自组织

在自我变革的路径中，海尔并未停下转型的脚步，而是积极前行。面对5G时代的商业机遇，家电企业都无不在物联网上发力。拿本土家电巨头来说，除海尔外，美的、格力等也在智能家电、智能制造、智慧物流、云服务等领域积极投入。相对而言，格力更关注能源管理和自主研发机器人，美的更青睐Wi-Fi安全芯片研发和工业机器人领域的收购，而海尔则倾向于建立一个完全开放的生态体系，打造生生不息的商业系统。[1]

究其原因，从工业时代转向互联网时代，再步入物联网时代，时代不断更迭，品牌价值核心也不断变化，已经逐渐从"物的关系"转向"人的关系"。这是海尔率先提出"生态品牌"概念并切身践行的原点。而张瑞敏想要通过"人单合一、链群合约"的钥匙，打开未来之门。在他看来，"海尔人在物联网生态品牌方面已经处于探索的引领阶段，现在需要把链群合约尽快落地"。链群就像水母一样，水母没有中枢神经，任何一个触手碰到猎物后都会向其他触手发出信号，大家一起包围猎物，因此水母能繁衍6.5亿年，而恐龙早已消失。用互联网的词来说，这是真正的去中心化，没有中心、没有领导，完全是自组织、自驱动，这是海尔链群的终极状态。这种链群理论放到管理模式上，映衬的是海尔2005年就提出的"人单合一"理论。"人"指员工，"单"是用户价值，"合一"意味着每个员工都应直接面对用户，创造用户价值，并在其中实现自我价值。这种理论颠覆了企业、员工、用户三者间的关系，企业听员工的、员工听用户的，既能调动员工的工作自主性，又能快速感知市场变化。[1]那么什么是链群呢？张瑞敏解释说道："'链群'是海尔的首创，即小微及小微合作方共同创造用户体验迭代的一种生态链。海尔有4000多个小微，有很多合作方，我们叫生态链，生态链上的小微就叫'链群'。"

张瑞敏举例说："我昨天参观了海尔智家001号体验中心。这个店卖的

---

1 陈芳.35年六次转型，海尔开启新征程[EB/OL].（2019-12-28）[2023-10-19]. https://cj.sina.cn/articles/view/6219520342/172b659560190014uv.

不是产品而是体验，也就是场景。开店不到一个月，已有一千多家合作方要求签约合作，这种合作是双赢的，共同创造价值，共同分享价值。"[1]在海尔的此轮组织变革中，张瑞敏提出"人单合一"的新范式——"链群共赢进化生态"。根据海尔向物联网转型的战略框架，张瑞敏绘制了"链群合约生态图"。

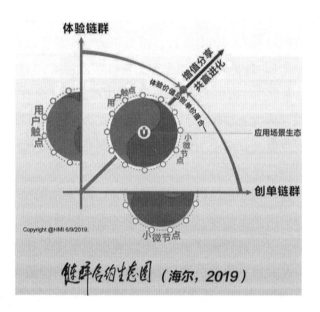

图9-2 链群合约生态图

对于链群合约生态图，张瑞敏介绍说道："链群合约生态图是海尔向物联网转型的战略框架图，既是创造性破坏的指导，也是创造性重组和创造性引领的框架。"

根据链群合约生态图，张瑞敏从自组织、自驱动、自增值、自进化四个角度进行解剖：

（1）自组织。张瑞敏说道："横轴和纵轴各有一个半圆，横轴是'创单链群'，如传统企业的研发、制造等；纵轴是'体验链群'，把用户意见传递给 '创单链群'，共同创造用户需求。'体验链群'是社群与触点，直接和用户交互，这在传统企业是不存在的。"

1 张瑞敏.张瑞敏：链群共赢，千条江河归大海[J].中外管理，2019（10）：66-73.

一般地，传统企业生产产品后，就把产品交给分销渠道和电商渠道进行销售，当产品销售出去后，就意味其周期结束。在海尔，当产品卖出去，才是交互的开始。张瑞敏说道："两个半圆向中间集中，形成一个生态圈，很像中国传统文化的阴阳图。阴阳两个面相互斗争，某种意义上是相互对立的。传统企业两部分有时水火不容，产品卖不出去，研发说是销售的问题，销售说是研发的问题，总归互相推诿。"[1]

（2）自驱动。在链群合约生态图中，必须把"创单链群"和"体验链群"链接起来，否则无法发挥链群的有效效率。张瑞敏说道："'创单链群'和'体验链群'集中在一起，两边都是小微，没有领导怎么办？需要的是自驱动，自驱动靠的是用户的应用场景生态。我认为物联网或5G，最后落脚点就是场景。换句话说，如果没有场景，根本就不存在5G和物联网。为什么物联网长期叫好不叫座？因为没有场景，万物互联不是传感器互联，本质是'人联网'。"

（3）自增值。在互联网经济中，企业必须满足用户的需求，尤其是当下中国海量的互联网用户。《第50次中国互联网络发展状况统计报告》数据显示，截至2022年6月，中国网民规模为10.51亿，较2021年12月新增网民1919万，互联网普及率达74.4%，较2021年12月提升1.4个百分点，见图9-3。

图9-3 2020.6-2022.6中国网民规模和互联网普及率

1 张瑞敏.张瑞敏 链群共赢：千条江河归大海[J].中外管理，2019（10）：66-73.

截至2022年6月，中国手机网民规模为10.47亿，较2021年12月新增手机网民1785万，网民中使用手机上网的比例为99.6%。

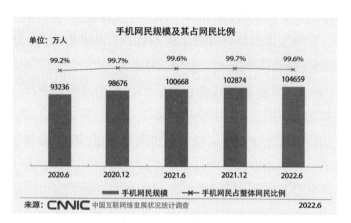

图9-4 2020.6-2022.6中国手机网民规模及其占网民比例

截至2022年6月，中国在线办公用户规模达4.61亿，较2021年12月下降818万，占网民整体的43.8%。

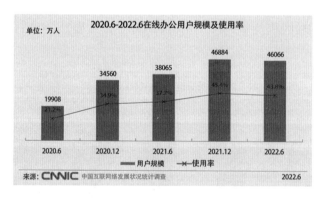

图 9-5 2020.6-2022.6在线办公用户规模及使用率

截至2022年6月，网络视频（含短视频）用户规模为9.95亿，较2021年12月增长2017万，占网民整体的94.6%。其中，短视频用户规模为9.62亿，较2021年12月增长2805万，占网民整体的91.5%。

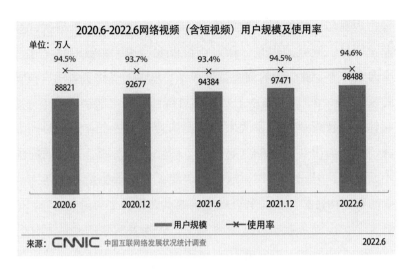

図 9-6 2020.6-2022.6网络视频（含短视频）用户规模及使用率

鉴于此，张瑞敏说道："用户需求不断变化，什么动力不断围着用户需求转？用户今天提一个要求，明天提一个要求，需求总归无法完全满足。这就需要自增值，创单价值和体验价值合到一起，产生了多少增值，自组织就分享多少增值。传统企业做不到这一点，首先不知道创造的价值是多少，创造的价值也不是自己传递的，是大连锁或电商渠道传递的。把自组织和用户连到一起，如果亏损了，所有人不要互相埋怨，大家都有责任。如果增值了，大家按比例来分。"

（4）自进化。随着元宇宙时代的到来，组织的进化必须结合产品信息的传播，以及给客户提供极致的产品和服务为基础。究其原因，增值分享只有让自组织共赢进化，只有分享了增值，才可能有动力创造更多的增值，分享的增值就更多。对此，张瑞敏告诫经营者，一旦没有能力再满足用户需求时，自组织就需要进化，尤其需要开放，把社会上一流资源引进来，不断优化，不断满足用户需求。张瑞敏说道："经济学非常庞杂，但核心不就是解决两个难题吗？第一，如何创造财富？第二，如何分享财富？这是经济学自始至终要解决的两个问题。海尔把两个问题合一以后，增值分享既创造财富也分享财富，当作一个整体来解决。"[1]在元宇宙时代

---

1 张瑞敏. 张瑞敏：链群共赢，千条江河归大海[J]. 中外管理，2019（10）：66-73.

187

的今天，迈克尔·波特提出的价值链作为传统时代的竞争框架，其局限性已经非常明显。究其原因是，新冠疫情极大加速了企业的数字化转型。毕马威面向全球大企业CEO的调查数据显示，80%的受访者表示，疫情加快了企业的数字化转型，其中30%表示当前进度已远超之前预期。毕马威中国通信、媒体及科技行业主管合伙人陈俭德认为，元宇宙在这个时间点获得广泛关注，一方面得益于各种核心技术、硬件不断发展，一些面向消费者的产品不断落地；另一方面，新冠疫情改变了人们的生活和工作方式，加速了企业的数字化转型，为元宇宙概念快速发展提供了契机。

事实上，传统企业在数字化转型中，必须要清楚的是数字化转型核心就是传统企业在线化、数据化。在过去十多年时间里，在企业价值链层面表现为一个个环节的互联网化：从消费者上线开始，从客户服务到销售消费、营销推广、批发零售、设计生产、原料采购，从C端逆流而上地渗透到B端，实现企业价值链的"逆向"互联网化。[1]

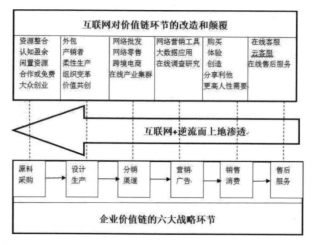

图9-7 互联网+传统企业价值链

事实上，价值链的变化衍生出程度不同的产业互联网化，这些产业从早到晚大致次序为：营销广告业、批发零售业、文化娱乐业、生活服务业、金融、跨境电商、制造业等。对此，张瑞敏说道："企业有基本活动

1 王淑翠.互联网+背后的供应链与价值链[EB/OL].（2017-07-24）[2023-10-20]. https://www.sohu.com/a/159645925_99911982.

和支撑性活动，无论哪种活动，都是听领导的而不是听用户的，创造的都是领导要求的价值，而不是市场要求的价值。部门之间也很难协调一致，因为各个部门有各个部门的领导。最后，价值的创造和价值的传递是分离的，和顾客只是一次性交易，只有顾客没有用户。"

众所周知，不同于线性组织的传统企业，链群是非线性组织的，根据用户体验，随时自我组合。张瑞敏介绍说道："对企业来说，无非三大块：目标体系、组织体系、激励体系。目标体系是战略方向，组织体系是怎么把战略落地，激励体系是驱动力。"

（1）目标体系。在海尔的链群生态体系中，链群的目标体系是建立在用户体验自驱基础之上的，与传统的线性管理（KPI体系）有着很大的不同。张瑞敏解释道："链群的组织体系是去中心化的自治组织，叫作'DAO'[1]，传统的线性管理是他组织。链群的激励体系是增值分享，传统的线性管理是宽带薪酬和金手铐。简单说，就是企业定薪，而海尔是用户付薪。"

张瑞敏直言传统KPI考核存在两个问题：第一，从来没有整体价值，各个部门都要忠于自己的利益，所以不会产生1+1大于2的效果。第二，从来不会有用户价值，因为本身就没有用户，用户就是领导。

张瑞敏说道："在海尔，有三个零的自驱体系（用户零距离、体验零延误、流程零签字）。例如，开发产品不需要申请，也没有人审批，跟用户充分沟通，觉得有需求，觉得可以盈利，你就去做。但是风险自担，增值分享。"

张瑞敏举例子说道："海尔有个'郑合链群'，郑州商圈相当于体验链群，在郑州及河南（其他）地区做用户触点，直到社区。合肥互联工厂是'创单链群'，包括研发和生产等。两个链群结合，开发哪种型号的产品，售价多少，都是自己说了算。过去，集团把销售目标下指令到郑州，郑州提出生产多少，把指令下到合肥，合肥配合生产，但销售增长率从来没有超过10%，一般只有8%。现在，每月平均增速达30%。简单说就是同

<hr />

1 DAO是英文Decentralized Autonomous Organization的缩写，中文译字"岛"，是基于区块链核心思想理念（由达成同一个共识的群体自发产生的共创、共建、共治、共享的协同行为）衍生出来的一种组织形态。

舟共济，一荣俱荣，一损俱损。没有人扯皮，即便有人想扯皮，其他人也不允许。"

（2）组织体系。在组织体系的构建中，小微企业需要与社群融合，不断地进行升级和迭代。例如，海尔云熙洗衣机已经进行了六次迭代，每一代比上一代的销量都有所提升，其销售收入也增加了。

海尔云熙洗衣机的成功迭代，彻底颠覆过去家电行业一年两次的研发，用户有需要就迭代，云熙洗衣机开发周期最快只有两个月。[1]张瑞敏说道："过去学习日本企业，产品尽可能完美才推出去。现在学习硅谷，如果你推出的第一个产品不能使你感到脸红，你推出就太晚了。产品推出以后可以不断改进，但最重要的不是产品，有了这么多用户，可以不断交互，然后迭代。"

（3）激励体系。在张瑞敏看来，"人单合一"就是"人单酬合一"，创客价值和创造的用户价值合一。当创客创造了用户价值，创客也有价值，如果没有创造用户价值，创客也没有价值。与华为"以客户为中心，以奋斗者为本，长期坚持艰苦奋斗"的做法惊人的类似。回顾2009年，华为在流程管理中有效地控制了成本，降低了运营费用，提升了运营效率。数据显示，与2008年相比，营业利润率为14.1%，同比增长1.2%。为更好地服务客户，华为坚持以客户为中心，持续地进行内部管理和组织流程的变革。自2007年开始的IFS（集成财经服务）变革正在深化，有力地提升华为内部管理效率；与此同时，为保证对客户需求的快速响应及优质交付，华为实施了组织结构及人力资源机制的改革，授予直接服务客户的组织和员工更多决策权，使他们能快速调用需要的资源。[2]其后，任正非在"任正非与肯尼亚代表处员工座谈"中补充解释说道："为客户创造价值才是奋斗。我们把煤炭洗得白白的，但对客户没产生价值，再辛苦也不叫奋斗。两个小时可以干完的活儿，为什么要加班加点拖到14个小时来干？不仅没有为客户产生价值，还增加了照明的成本、空调的成本，还吃了夜宵，这

1 张瑞敏.张瑞敏：链群共赢，千条江河归大海[J].中外管理，2019（10）：66-73.
2 赛迪网.华为收入增19%至1491亿 净利183亿人民币[EB/OL].（2010-03-10）[2023-10-20].
http://www.techweb.com.cn/news/1970-01-01/570738.shtml.

些钱都是客户出的，却没有为客户产生价值。"

相比华为，海尔的步子迈得更大，海尔通过链群激活了创客自身的激励机制。张瑞敏说道："创客所有制的自创股份，取代了委托代理激励机制。股份不是谁分配的，是自己创造的。"

纳西姆·尼古拉斯·塔勒布研究发现，"为什么现在企业有这么多风险，就是因为非对称，每一个部门都有责任，但出了事没有人负责"。

在"人单合一"的变革中，就需要把风险和责任合二为一。张瑞敏说道："我在卢浮宫看过汉穆拉比法典的石柱，上面讲得很清楚，如果设计师设计的建筑，把人砸死了，设计师要偿命。现在的企业当然不可能这么做，但跟企业的荣辱连在一起总归是可以的。'人单合一'就是对称的，不只是对称的风险，更重要的是对称的盈利，无论风险和盈利都是对称的。"

在张瑞敏看来，创新不是不少企业家认为的找死，而是寻找企业竞争优势再造的赛道变革，是在自我否定中找生路。所以，认识要开放，还要有决心。张瑞敏解释说道："我在商学院演讲时，很多教授问我，这么多小微，没人管不就乱了吗？不需要有谁来管，小微是自驱动。千条江河归大海，奔向同一个方向。这个方向是什么？用户体验。为了用户体验，大家都会奔到一起去。"[1]鉴于此，要想实现物联网时代的"人单合一"，就需要充分调动链群合约、自驱体系、增值分享这三个要素。

（1）链群合约。据张瑞敏介绍，自组织在哲学上有两点要求：一是引进负熵；二是正反馈循环。张瑞敏说道："引进新生力量就是引进负熵，正反馈循环即自增强，就是一步步往上走，干得更好，得到更多；得到更多，干得更好。自组织追求高目标，事前要对赌，目标很高，分享诱人，但必须对赌，做不到要承担责任。事中不可更改，承诺了就不能说外界环境发生变化完不成。事后增值分享时，事前承诺了多少，必须兑现多少。"

张瑞敏补充说道："2016年，本特·霍姆斯特朗以完全契约理论获得

1 张瑞敏.张瑞敏：链群共赢，千条江河归大海[J].中外管理，2019（10）：66-73.

第
九
章
海
尔
再
造

诺贝尔（经济学）奖。完全契约理论解决的是信息不对称问题，表现之一就是'搭便车'。团队定下奖惩制度，不能想得特别周全，最后承诺无法兑现，大家久而久之就会'搭便车'。链群合约彻底解决了搭便车问题，事前确定，事后兑现，中途有问题，都可以动态调整。"

（2）自驱体系。要想最大化地发挥自驱体系的作用，就需要激发企业家精神。张瑞敏说道："企业家精神是搭建平台以涌现更多企业家的精神，而不仅仅是企业家自己的精神，光靠一个人顶什么用？"

对于企业家精神，作为"创新理论"鼻祖的约瑟夫·熊彼特（Joseph A.Schumpeter）认为，执行创新活动个人称为企业家，又说企业家的出现如巢蜂涌动。

彼得·德鲁克说道："每个人都是自己的CEO。"鉴于此，自涌现的驱动力，需要以用户最佳体验为导向，然后风投参与，团队跟投上市。张瑞敏举例说道："海尔生物医疗被批准在科创板上市。我们不是搞医疗的，做了物联网反而进入了医疗产业。比如血联网，全国血源不足，缺口很大，但浪费也很大，因做手术领了血浆，做完手术，剩下的血浆不能再用，只有扔掉。但血联网通过物联网技术，可以做到零浪费。物联网产生了新物种，我们成了科创板的科技生态第一股。"

"现在海尔创业平台上，已经有3家上市企业，2家独角兽企业，12家瞪羚企业，获得投资的企业几百家。这些小微的成员，不是执行者，而是创业者，最后成了股份持有者。海尔打造的海创汇，上面全是创业公司。这些公司希望利用海尔的资源，有的公司进来以后给了海尔5%甚至10%的干股，都想融入海尔的生态圈。"

在海尔的生态圈中，必须强调以客户为中心，否则永远也满足不了用户需求。张瑞敏说道："自涌现企业家生态要有弱者定位，企业永远是弱者，用户是强者。老子有句话叫'反者道之动，弱者道之用'，这是《道德经》最核心的一句话。企业大了一定会向相反的方向发展，没有哪一个大企业一直屹立不倒。把自己摆在弱者的位置上，反而可能强大起来。一定要视用户为强者，永远满足用户需求。"

（3）增值分享。任何一个组织的进化，都必须提升其效率，否则，其动因就不会持久。在张瑞敏看来，增值分享需要先从产品收益上升到生态收益。例如，酒柜销售。通常都是把酒柜免费送给酒店后，红酒厂再把红酒放在酒柜里，以此销售红酒来产生生态收入。在企业报表中，通常有三张表，分别是：资产负债表、损益表、现金流量表。与其他企业不同的是，海尔创造了共赢增值表，美国管理会计协会的职业经理人将其称为第四张表。

对于共赢增值表，张瑞敏倡议说道："全世界不管初创企业还是大型企业都应该用这第四张表，第四张表可以准确反映用户的价值。"

在张瑞敏看来，要做到准确反映用户的价值，其中一个很重要的心态是自以为非，而不是自以为是。张瑞敏解释说道："自我否定是黑格尔的哲学，为什么要自我否定？人类要追求绝对精神，没有任何人拥有绝对精神，不知道绝对精神是什么。追求绝对精神的路径，就是反思和重构。反思过去哪里做得不对，需要改变，重构就是进行改变，建立新机制。黑格尔最后提出肯定、否定、否定之否定，自我否定，不是自我否决，因为在否定中包含着肯定，才会不断前进。"[1] 大量事实证明，要想有效地激发"人单合一"的长久效能，调动链群合约、自驱体系、增值分享这三个要素，这就需要进行制度创新。张瑞敏说道："'人单合一'和'链群合约'都是制度创新，制度起了决定性作用。制度创新的创始人、诺贝尔经济学奖获得者道格拉斯·诺斯提出制度创新是经济增长和品牌扩展的核心动力。"

张瑞敏举例说道："打造产品品牌时，我们坚持不代工，就要做国际品牌，也受到非常多的质疑，甚至辱骂，但我们坚持下来了。赔了很多钱，但现在成了世界品牌。在产品品牌基础上，又上升到物联网生态品牌。BrandZ的CEO说，海尔是唯一被定义为'物联网生态品牌'的入榜品牌，第一次开创了这一分类。"

事实上，生态品牌好像没有确切的定义，但在张瑞敏看来，共创共享

---

1 张瑞敏.张瑞敏：链群共赢，千条江河归大海[J].中外管理，2019（10）：66-73.

『第九章 海尔再造』

193

海尔传

场景体验迭代的生态，可以说就是生态品牌，不是哪一家可以做起来的，需要很多合作方一起努力。张瑞敏介绍："卡萨帝是海尔智家定制的生态品牌，将家庭场景细分化为'5+7+N'。'5'指的是客厅、厨房、卧室、浴室、阳台5大家庭场景，'7'是全屋空气、全屋用水等7大全屋解决方案，'N'是用户个性化定制。产品扩展为生态，有食联网、衣联网、血联网等场景。"

在调动链群合约、自驱体系、增值分享这三个要素的背景下，全面地推动企业的转型。张瑞敏举例说道："海尔收购了日本三洋家电、GEA、意大利Candy等国外品牌。GEA是百年老店，有一整套管理经验，现在变成了一个个小微，原来享受期权的大概十个人，现在几千个人都可以享受到增值分享。美国家电市场一直在下降，但GEA实现了连续7个季度增长，增长率都在两位数以上。"

张瑞敏还提到海尔的俄罗斯布局。据张瑞敏介绍，海尔在俄罗斯建了两个工厂。俄罗斯当地人直言，在俄罗斯，两年能够建成一个工厂，其进度已经很快了，因为在俄罗斯的冬天气温都是在零下30度、零下40度。这样的环境是不能施工的。可能读者会问，海尔10多个月就可以建成一个工厂，在俄罗斯堪称奇迹，为什么能做到？张瑞敏说道："因为实行了小微对赌。"

究其原因，"人单合一"的核心是追求人的价值的最大化，这是非常关键的一点，更为重要的是，通过调动链群合约、自驱体系、增值分享三要素给创客创造一个发挥的平台，同时把决策权、用人权和薪酬权让渡给创客，而不是控制创客。

海尔大事记

······················

- 1984年10月23日，青岛电冰箱总厂和德国利勃海尔公司签约引进当时亚洲第一条四星级电冰箱生产线。

- 1984年12月26日，张瑞敏带领新的领导班子来到小白干路上的青岛电冰箱总厂。当时的冰箱厂亏空147万元，产品滞销，人心涣散。张瑞敏是到农村大队借钱，才使全厂工人过了一个年。

- 1985年1月1日，张瑞敏从消费者的信中发现了产品存在的质量隐患，为了真正唤醒员工的质量意识、市场意识，"砸冰箱"事件成为海尔历史上强化质量观念的警钟。

- 1987年2月1日，在1987年世界卫生组织进行的招标中，海尔冰箱战胜十多个国家的冰箱产品，第一次在国际招标中中标！海尔的发展逐渐引起了各级领导和社会各界的关注。

- 1988年12月1日，海尔冰箱在全国冰箱评比中，以最高分获得中国电冰箱史上的第一枚金牌，从此奠定了海尔冰箱在中国电冰箱行业的领头地位。

- 1990年，海尔先后获得国家颁发的企业管理"金马奖""国家质量管理奖"，为今后规模的扩张与腾飞积蓄了管理经验与人才。

- 1990年10月19日，海尔产品通过了美国UL认证，标志着海尔走向国际市场的思路已经开始付诸实施。

- 1991年12月20日，海尔集团正式成立，从此进入了多元化发展的战略阶段。

- 1992年9月，海尔通过ISO9001国际质量体系认证，标志着海尔已成为合格的世界级供应商。

- 1993年，在德国TEST杂志一年一度的家电抽检结果报告中，海尔冰箱获得了8个"+"号，在受检的冰箱中名列质量第一名，比德国、意大利的冰箱评价还高。

- 1993年11月19日，在海尔园建设过程中，中国的资本市场启动。1993年11月19日，海尔冰箱股票在上海证券交易所挂牌上市交易。

- 1994年4月22日，海尔超级无氟电冰箱参加世界地球日的展览，成为唯一来自发展中国家的环保产品。

- 1995年2月，海尔集团创新的"日清日高管理法"获得由全国企业管理现代化创新成果审定委员会颁发的"国家级企业管理现代化创新成果一等奖"。

- 1995年5月22日，海尔集团东迁至刚落成的海尔工业园，拉开了海尔二次创业——创世界名牌的序幕。

- 1995年7月，青岛红星电器厂整体划归海尔集团，海尔以"吃休克鱼"的方式，通过输入海尔文化，盘活被兼并企业，使企业规模不断扩展。

- 1996年6月，海尔获得美国优质科学协会颁发的"五星钻石奖"，海尔集团总裁张瑞敏个人被授予五星钻石终身荣誉。海尔更大范围地获得了消费者的忠诚与美誉。

- 1997年9月，以进入彩电业为标志，海尔进入黑色家电、信息家电生产领域。与此同时，海尔以低成本扩张的方式先后兼并了广东顺德洗衣机厂、莱阳电熨斗厂、贵州风华电冰箱厂、合肥黄山电视机厂等十八家企业，企业在多元化经营与规模扩张方面，进入了一个更广阔的发展空间。

- 1998年，英国《金融时报》在评选"亚太地区最具信誉的企业"时，海尔进入前十位，名列第七。

- 1998年3月25日，海尔总裁张瑞敏应邀前往哈佛大学讲课，海尔文化激活"休克鱼"的案例入选哈佛大学商学院案例库。

- 1999年4月30日，海尔在美国的南卡罗来纳州建立了生产厂，五星红旗飘扬在美国的土地上。欧洲海尔、中东海尔、美国海尔……先后揭牌，有更多海外经销商加入到海尔的营销网络中。

- 2000年5月19日，海尔因出色的经营业绩被美国科尔尼管理顾问公司、《财富》杂志集团等评选为"全球最佳营运公司"，海尔是亚太地区企业唯一得主。

- 2001年8月6日，《福布斯》杂志刊登张瑞敏首席执行官的封面文章，并刊登全球白色家电制造商排名，海尔雄踞第6位。

- 2001年9月28日，全国质量管理奖颁奖大会在北京钓鱼台国宾馆召开，海尔被授予我国最高质量荣誉———全国质量管理奖。

- 2002年5月14日，英国最大家电专业杂志 ERT 介绍了海尔产品率先达到A+能耗标准的消息，彼时欧洲市场上只有两个品牌达到A+能耗标准。

- 2002年5月14日，中国质量认证中心在海尔集团举行"CCC认证1号证书"颁证仪式。海尔空调获得"CCC认证第1号证书"。

- 2003年11月1日，2003年度日本G-mark设计大奖揭晓，海尔"坦克"冰箱获奖，这是中国冰箱首次获此殊荣。

- 2004年6月28日，2004年世界品牌大会暨《中国500最具价值品牌》发布会在北京国际饭店举行，海尔以612.37亿元成为中国最具价值的品牌。

- 2004年10月，巴基斯坦海尔顺利通过了ISO9001：2000国际质量管理体系认证，成为巴基斯坦家电行业国外品牌中第一个通过该认证的企业，也是海尔集团第一个通过该认证的海外工厂。

- 2005年4月出版的《财富》中文版首度推出了"中国最具影响力的商界领袖年度排行榜"，推出了25位最具影响力的商界领袖，海尔集团首席执行官张瑞敏荣居榜首。

- 2006年12月5日，"2006中国最有价值品牌"评估结果揭晓，海尔以749亿元的品牌价值连续5年位居榜首。

- 2007年9月1日，"2007中国企业500强"和"2007中国制造业企业500强"排行榜发布，海尔集团以 1075亿元的总销售额位居"2007中国企业 500强"第 28位，位居"2007中国制造业企业500强"第6位，是两个"500强"中排名最高的家电企业。

- 2008年12月1日（美国时间），2008年"中国最具价值品牌榜"在美国纽约发布，海尔以803亿元的品牌价值连续七年位居榜首。

- 2009年12月1日，欧睿国际（Euromonitor）最新数据显示，海尔在世界白色家电品牌中排名第一，全球市场占有率为5.1%，这是中国白色家电首次成为全球第一品牌。同时，海尔冰箱、海尔洗衣机分别以10.4%与8.4%的全球市场占有率，在行业中均排名第一。

「海尔大事记」

- 2009年12月2日（美国时间），"中国最有价值品牌排行榜"在美国纽约发布，海尔以812亿元品牌价值，连续8年位居榜首。

- 2010年4月15日（美国时间），美国《商业周刊》发布2010年"全球最具创新力企业50强"名单，海尔集团排名第28位，是唯一上榜的中国家电企业。

- 2011年12月15日，欧睿国际公布2011年全球家电市场最新调查数据，海尔集团在大型家电市场的品牌占有率提升为7.8%，第三次蝉联全球第一。

- 2012年12月20日，欧睿国际发布最新的全球家电市场调查结果，海尔大型家用电器2012年品牌零售量占全球市场的8.6%。

- 2013年12月16日，国家质检总局召开首届中国质量奖颁奖大会，海尔集团荣获首届中国质量奖。中国质量奖2012年经中央批准正式设立，评选表彰工作由国家质检总局负责组织，是我国在质量领域的最高荣誉。

- 2013年12月22日，欧睿国际发布2013年全球大型家用电器调查结果：海尔2013年品牌零售量占全球市场的9.7%，第五次蝉联全球第一。

- 2014年10月22日，2014（第20届）中国最有价值品牌研究揭晓，海尔以1038亿元的品牌价值连续13年位居首位。

- 2014年12月31日，欧睿国际发布2014年全球大型家用电器调查数据显示：海尔大型家用电器2014年品牌零售量占全球市场的10.2%，居全球第一。

- 2015年1月27日，WPP集团和华通明略公司共同发布了第五届BrandZ最具价值中国品牌100强榜单。在家电行业分榜单中，海尔集团以19.3亿美元（约合120.6亿元人民币）的品牌价值位居榜首。

- 2016年1月15日，海尔集团和通用电气宣布双方签署合作谅解备忘录，达成全球战略合作伙伴关系，共同在工业互联网、医疗、先进制造领域提升双方企业竞争力。

- 2017年3月15日，2017红点奖获奖名单在德国发布，海尔旗下创新研发的S-BOX空气净化器更是一举拿下红点奖最高荣誉至尊奖（Best of the Best）。

- 2018年7月20日，《财富》（Fortune）官网公布了2018年Fortune500强榜单，青岛海尔股份有限公司入围《财富》世界500强。

- 2018年10月24日，中欧国际交易所首只D股公司青岛海尔D股正式在德国法兰克福上市交易。

- 2019年6月11日，"2019年BrandZ™全球最具价值品牌100强"排行榜在纽约正式发布，海尔作为"物联网生态品牌"成功登榜。

- 2019年7月22日，《财富》（Fortune）官网公布了2019年世界500强榜单。海尔智家股份有限公司凭借智慧家庭生态品牌的全球落地再次上榜《财富》世界500强，排名较去年上升51名。

- 2019年10月26日，中国企业高质量发展论坛发布盛典上，海尔集团张瑞敏荣膺"70年70企70人——中国杰出贡献企业家"光荣称号。

- 2019年11月17日，海尔荣获首届彼得·德鲁克中国管理奖。

- 2020年8月5日，由世界品牌实验室（WorldBrand Lab）主办的（第十七届）"世界品牌大会"在北京举行。据会上发布的2020年《中国500最具价值品牌》分析报告显示，海尔品牌价值为4286.52亿元，连续17年上榜，连续4年稳居前三。

- 2020年8月10日（美当地时间），《财富》官网公布了2020年世界500强榜单。作为海尔集团子公司之一，海尔智家股份有限公司（股票代码：600690.SH，简称"海尔智家"）再次上榜，排名再升13名。海尔智家体验云战略的全球落地成果陆续显现。除了此番再次入围《财富》世界500强外，海尔智家还荣获BrandZ中国全球化品牌50强行业第一。

- 2020年9月22日，2020（第26届）中国品牌价值100强研究报告揭晓，在这个坚持了26年的品牌价值比较研究中，海尔品牌连续19年居首。

- 2020年9月27日，2020中国管理科学大会暨第七届管理科学奖颁奖典礼在北京举行，海尔卡奥斯凭借大规模定制管理创新荣获中国管理科学奖第一名，也是工业互联网领域唯一入选品牌。

- 2020年12月10-12日，法国里昂商学院发布《中国智能制造企业百强榜》及白皮书，海尔排名第一。

- 2020年12月16日，由世界品牌实验室独家编制的2020年度（第十七届）《世界品牌500强》排行榜在美国纽约正式揭晓。海尔再次以全球唯一物联网生态品牌入选，排名提升至39位，列中国品牌第三名，这是海尔连续17年入选世界品牌500强，也是连续4年位列中国入榜品牌前三强。

- 2020年12月20日，由国家市场监督管理总局下属的中国品牌建设促进会、《中国品牌》杂志社主办的"2020中国品牌年会"在京举行，海尔集团董事局主席、首席执行官

张瑞敏荣膺"2006-2020中国品牌15年·卓越影响力人物"。

- 2020年12月23日，2020年中国电子家电出口百强发布，海尔位列"十三五"中国十大家电自主品牌出口企业榜榜首。

- 2021年6月21日，世界品牌实验室（World Brand Lab）发布《中国500最具价值品牌》分析报告。在这份基于财务数据、品牌强度和消费者行为分析的年度报告中，海尔连续18年入选，连续5年稳居三强，品牌价值再创新高，达4575.29亿元。

- 2021年9月14日，2021（第27届）中国品牌价值100强研究报告揭晓，海尔品牌价值达3728.09亿元，连续20年稳居榜首。

- 2021年11月18日，2021中欧企业家峰会青岛论坛开幕，论坛携手《参考消息》旗下"参考智库"发布了《中国企业海外传播力分析报告（2021）》，结合企业全球布局、全球竞争力、企业文化、社会责任和全球治理等多个维度，对企业入世20年以来为中国所做的贡献综合评估，对具有核心代表性的20家国际化企业予以肯定，赞誉企业在致力于中国企业在海外传播和强化国际话语权方面做出的突出贡献，海尔成功入选"中国企业全球传播力20强"。

- 2021年12月8日，《哈佛商业评论》中文版2021新增长大会重磅发布"中国新增长·敏捷领导力榜"，海尔凭借"让生态能力成为持续增长的新引擎"成功入榜。

- 2021年12月17日，法国里昂商学院发布"2021年中国智能制造排行榜TOP 100"，海尔连续3年蝉联第一。

- 2021年12月28日，第二十八届全国企业管理现代化创新成果名单正式发布，海尔集团荣获两项大奖。海尔集团旗下卡奥斯COSMOPlat智慧能源申报的"适应用能端绿色低碳发展的智慧能源管理"荣获创新成果一等奖，海尔集团旗下海尔智家申报的"面向国际市场的高端家电品牌创建"荣获创新成果二等奖。

- 2022年6月15日，全球品牌数据与分析公司凯度BrandZ发布了"2022年凯度BrandZ™最具价值全球品牌100强"排行榜，腾讯、阿里、华为、海尔等14家中国品牌入选。海尔连续四年作为全球唯一物联网生态品牌蝉联百强，品牌价值逆势增长33%，位居全球第63名。

- 2022年8月21日，福布斯中国和中国电子商会共同发布"2022中国数字经济100强"，海尔集团旗下海尔智家入选。该榜单从企业总市值、总资产、总营业收入和归母净利润四个维度出发，对电子、计算机、家用电器、通信、传媒、商贸零售和机械设备等具有较强数字经济属性的企业发展现状以及行业趋势等进行分析，评估企业数字经济水平。

- 2022年9月6日，国际领先的品牌战略管理咨询公司Interbrand（英图博略）发布《2022中国最佳品牌排行榜》，海尔品牌价值持续提升，蝉联行业第一。

- 2022年9月15日，2022（第28届）中国品牌价值100强研究报告公布，海尔以4161.26亿元的品牌价值登顶，连续21年位列榜首。

- 2022年9月22日，世界品牌实验室发布2022年《亚洲品牌500强》排行榜，这是世界品牌实验室第17次对亚洲品牌的影响力进行评测，丰田、国家电网、腾讯、海尔、中国工商银行位列前五。其中，海尔连续17年入榜，以唯一物联网生态品牌蝉联第四名。

- 2022年10月11日，世界经济论坛公布新一批全球"灯塔工厂"名单，海尔集团旗下的青岛海尔冰箱互联工厂成功入选，这也是海尔集团旗下的第5座全球"灯塔工厂"。据悉，世界经济论坛自2018年开始在全球发起评选"灯塔工厂"项目，旨在寻找制造业数字化转型的典范，"灯塔工厂"也被称为"世界上最先进的工厂"。

- 2023年1月6日，欧睿国际数据显示：2022年海尔全球大型家用电器品牌零售量第一，这也是海尔第14次蝉联全球大型家用电器品牌零售量第一。

- 2023年4月15日，2023中国管理科学大会发布创新奖榜单，海尔位列第一。

- 2023年5月22日，AsiaBrand发布"2023中国创新品牌500强"，海尔蝉联第六位，品牌价值达4986.19亿元，同比提升4.8%。

- 2023年6月14日，凯度BrandZ在英国伦敦发布2023年最具价值全球品牌100强排行榜，腾讯、华为、海尔等14家中国品牌上榜。海尔连续5年蝉联全球唯一物联网生态品牌，全球排名第59位。

- 2023年6月15日，世界品牌实验室（World Brand Lab）发布2023年《中国500最具价值品牌》分析报告。其中，海尔连续20年上榜，蝉联三强，品牌价值达5123.06亿元。

- 2023年6月15日，谷歌联合凯度BrandZ发布2023年中国全球化品牌50强榜单，海尔位列家电行业第一，连续7年蝉联榜单十强。

- 2023年7月10日，IPRdaily发布2023年上半年全球智慧家庭发明专利排行榜，海尔智家以3087件公开的专利申请领跑全球，实现9连冠。

- 2023年8月2日，《财富》官网公布了2023年世界500强榜单，海尔集团旗下海尔智家连续6年上榜。

- 2023年9月8日，凯度发布"2023年BrandZ最具价值中国品牌100强"，海尔位列百强榜第8位，也是连续13年进入该榜单。

- 2023年9月14日，睿富全球排行榜资讯集团与北京名牌资产评估有限公司共同发布了2023（第29届）中国品牌价值100强研究报告，海尔以4501.28亿元的品牌价值连续22年荣膺榜首。

- 2023年9月14日，福布斯发布"福布斯中国企业跨国经营50强"榜单，海尔集团旗下子公司海尔智家入选。

- 2023年9月20日，世界品牌实验室在"亚洲品牌大会"上发布了2023年《亚洲品牌500强》排行榜，海尔连续18年上榜，蝉联第四。

- 2023年10月26日，"2023福布斯中国ESG创新企业"名单公布，该榜单旨在通过收集具有代表性的创新样本，展示中国企业的ESG创新成果，剖析和发现中国ESG发展现状及未来趋势。入选企业覆盖工业制造、金融、能源环保等多个行业，海尔集团入选。

- 2023年11月13日，全球性品牌战略管理咨询与设计公司Interbrand（英图博略）发布《2023中国最佳品牌排行榜》，海尔品牌价值持续攀升，蝉联行业第一。

- 2023年11月18日，2023中国品牌节发布"华谱奖"，海尔集团品牌获评"叱咤全球的国家名片"。

- 2023年12月9日，《中国企业家》发布《十大"双实企业"标杆数据报告》，海尔、华为、比亚迪等10家企业入选首份"双实企业"标杆榜单。

- 2023年12月12日，海尔入选"2023全球开放式创新百强榜单"。

- 2023年12月13日，由世界品牌实验室独家编制的2023年度（第二十届）《世界品牌500强》排行榜在美国纽约揭晓。海尔连续20年入榜，位列中国品牌前三。

- 2023年12月13日，上海报业集团·界面新闻发布2023年度"优致雇主评选"榜单，海尔集团、茅台、京东、微软中国、宝洁中国等30家企业入选。

参考文献

....

[1]卜祥.海尔售后服务"一、二、三、四模式"[J].经济与管理,1995(04):27.

[2]陈辉.海尔——一部中国企业商标创业史[J].中华商标,2004(09):33-35.

[3]陈莹.我国企业经营国际化策略探讨——以海尔国际化之路为例[J].对外经贸实务,2008(07):24-28.

[4]陈洁.结合海尔企业文化案例谈对煤炭企业文化建设的思考[J].中国科技投资,2013(17):188-238.

[5]陈敏.深耕家电维修业20年 他在锡城建起5万家庭"朋友圈"[N].无锡快报,2018-01-19.

[6]崔晓火.海尔收购三洋:中国品牌的"务实之战"[J].中国新闻周刊,2011(39):51-53.

[7]柴松岳.副省长打喷嚏绷断皮带[N].文摘报,2018-12-25(05).

[8]董书礼.以市场换技术战略成效不佳的原因辨析及我国的对策[J].科技与管理,2004(4).

[9]董忱.海尔也有"中年危机"[J].齐鲁周刊,2019(06).

[10]大漠.冲刺500强再添硬指标海尔全球营业额突破600亿[N].深圳商报,2002-11-11.

[11]丁少将.打造物联网时代生态品牌[J].现代企业文化(上旬),2018(08):36-37.

[12]东方早报.海尔集团收购三洋白电[N]东方早报,2011-07-29.

[13]范红,闫兴家.海尔国际化成功的启示[J].科教导刊(电子版),2016(09):129.

[14]马吉英,翟文婷,黄燕,等.后台:互联网+时代制造业的化学反应[J].中国企业家,2015(05).

[15]郭效中.海尔服务营销成功之道[J].合作经济与科技,2009(08):101-102.

Haier

[16]韩正忠."海尔·美国造"[J].决策与信息，2002（02）：30-32.

[17]侯燕玲.从海尔激活"休克鱼"谈兼并中的文化融合[J].企业文化，1998（05）：16-17.

[18]侯小宁.白色家电公司财务竞争力分析——基于海尔公司与美的公司财务状况对比分析[D].对外经济贸易大学，2015.

[19]黄江明，周云杰.中国企业产品创新管理模式研究（四）——以海尔品牌经理为案例[J].管理世界，2008（02）：154-164.

[20]江寒秋.张瑞敏："中国制造"的思想史[J].齐鲁周刊，2014（37）：31.

[21]刘家寿.走向世界的中国品牌[J].决策与信息，2001（08）：11-13.

[22]刘成.海尔试水全面互联网化转型为"出创客"互联网平台型企业[N].中国经济网，2016-01-27.

[23]李青.地域性文创产品品牌符号设计[D].湖北工业大学，2016.

[24]龙晶莹，叶栋梁.青岛海尔并购通用家电的绩效研究[J].产业与科技论坛，2018（10）：120-122.

[25]骆红.海尔集团国际化战略分析[D].上海立信会计学院，2014.

[26]梁力东.浅析海尔OEC管理模式[J].科教文汇（中旬刊），2008（17）：159.

[27]闵杰.同是海外并购，海尔美的有什么不同？[N].中国电子报，2016-03-28.

[28]马刚.价值链理论与我国企业的国际化战略——海尔国际化经营战略的价值链分析[J].价值工程，2001（06）：4-7.

[29]潘友连.海尔集团体育营销及其对我国企业的启示[J].中国市场，2011（44）：27-28.

[30]青岛海尔拟收购斐雪派克 品牌集群打造业绩新增长点[N].每日经济新闻，2018-04-26.

[31]宋扬.斐雪派克世界顶级厨房电器布局中国[J].优品，2012（02）：196.

[32]宋荣华.海尔：真诚何以到永远[J].中国五金与厨卫，2004（04）：25-26.

[33]孙聪颖.海尔收购GE家电 国际化再下一城[N].中国经营报，2016-01-23.

[34]孙景华.开启消费者做主时代[J].商界评论，2015（08）：25-27.

[35]阮氏恒海.中国企业在越南经营的案例研究[D].华东理工大学，2013.

[36]任芳.成功收购斐雪派克 海尔进一步推进全球化战略[J].电器，2012（12）：66-67.

[37]R女士.海尔文化激活"休克鱼"[J].经理人，1999（Z1）：98-101.

[38][日]船桥晴雄.日本长寿企业的经营秘籍[M].彭丹，译.北京：清华大学出版社，2011.

[39]沈晓彤.员工关系管理与企业文化建设的关系——基于海尔集团的案例研究[J].智富时代，2018（05）：158.

[40]沈镕荣,王爽瑶,康森.海尔集团的国际化之路——以海外投资为例[J].现代商业, 2017(25):114-115.

[41]王珩.塑造优秀企业文化[J].合作经济与科技,2010(04):52-53.

[42]王城长,尹莹,余丽平.海尔将收购三洋电机白电业务[N].潇湘晨报,2011-07-29.

[43]王林,雷婧姝,王敬娅等.摩托罗拉为什么没落[J].第一财经周刊,2008(03).

[44]王静.海尔,内外兼修的国际化之路[J].国际品牌观察,2019(03):17-18.

[45]王席乐.开端澳洲 借力NBA 决战奥运会 海尔的体育营销"三级跳"[N].河南商报, 2010-11-12.

[46]王春晖.海尔集团战略携手通用电气 青岛海尔将整合其家电业务[N].中国证券网, 2016-01-15.

[47]吴月森.并购中的企业文化整合模式研究——以海尔激活"休克鱼"文化为例[J].中国 证券期货,2013(9):89-90.

[48]吴礼民.海尔的成功给我国企业的启示[J].武汉工业学院学报, 2003(01):79-81.

[49]吴绚.中小企业内部控制案例分析及对策[J].中国总会计师,2014(06):123-124.

[50]颜建军,胡泳.海尔中国造[M].海口:海南出版社,2001.

[51]杨帆."海尔"管理面面观[J].企业科技与发展,2010(15):48-50.

[52]杨光,纪亮.海尔 王者嬗变[J].中外管理,2011(10): 66-71.

[53]杨波.中国企业海外建厂,怎么建[J].市场研究,2011(05):48-53.

[54]阳淼,赵谨.摩托罗拉:没落贵族兴衰史[N].新京报,2011-08-23.

[55]谢佩洪,朱一.海尔集团的品牌国际化升级路径[J].清华管理评论,2018(12):53- 61.

[56]赵嘉怡.海尔,迷失在互联网中的羔羊[J].互联网周刊,2011(21):46.

[57]赵春丽,凌丹.海尔集团发展战略解析[J].中外企业家,2001(12): 34-37.

[58]赵清秀,王成果,王青云,等.供应链——为企业赢得竞争优势的管理法[J].2002年中 国管理科学, 2002(z1):147-154.

[59]种昂.张瑞敏:教父级老板的企业管理奥秘[N].经济观察报,2018-11-13.

[60]张瑞敏.精神的力量[J].商周刊,2014(05).

[61]张斯.海尔拟54亿美元并购GE家电业务[N].每日经济新闻,2016-01-18.

[62]张瑞敏.海尔大变革:让每个人都是自己的CEO[J].中国商人,2020(02):114-117.

[63]张瑞敏.小微团队杜绝"大企业病"[J].纺织科学研究,2020(02):14-15.

参考文献

海尔传

[64]张瑞敏.寻路生态品牌[J].纺织科学研究，2020（10）：14-15.

[65]张瑞敏.黑海生态——物联网时代的新战略思维及管理工具[J].清华管理评论，2020（09）：10-17.

[66]张瑞敏.张瑞敏：链群共赢，千条江河归大海[J].中外管理，2019（10）：66-73.

[67]张瑞敏.大德高尚 精神长存[J].市场观察，2019（05）：21-22.

[68]张瑞敏.物联网关乎每个企业（下）[J].经理人，2019（09）：08-09.

[69]张瑞敏.迭代企业核心竞争力[J].纺织科学研究，2019（08）：14-15.

[70]张瑞敏.张瑞敏：中国企业应抓住机会，引领世界管理[J].中外管理，2018（02）：81-84.

[71]张瑞敏.人单合一模式的六要素[J].中国机械：装备制造，2018（06）：106-109.

[72]张瑞敏.不能自我颠覆会被时代颠覆[J].支点，2018（09）：14.

[73]张瑞敏.海尔必须破旧立新了[J].中国机电工业，2018（09）：34-35.

[74]张瑞敏.颠覆今天的传统管理，要破旧立新，要树立一个新的模式[J].市场观察，2018（08）：11-12.

[75]张瑞敏.海尔创业创新33年诠释高质量发展之道[J].中国经济周刊，2018（01）：15-16.

[76]张瑞敏.中国企业应抓住机会引领世界管理[J].企业文化，2018（04）：82-84.

[77]张瑞敏，姜奇平，胡国栋.基于海尔"人单合一"模式的用户乘数与价值管理研究[J].管理学报，2018（09）：1265-1274.

[78]张瑞敏.我们与全世界很多企业价值观不一样[J].经理人，2018（03）：8-11.

[79]张瑞敏.中国企业如何从模仿学习到引领创新？[J].企业管理，2017（06）：10-11.

[80]张瑞敏.张瑞敏："人单合一"是颠覆传统管理模式的"一剂良药"[J].机器人产业，2017（01）：106-115.

[81]张瑞敏.张瑞敏："人单合一"是物联网时代商业新范式[J].中国经济信息，2017（20）：68-69.

[82]张瑞敏.海尔不再是出产品的，而是出创客的[J].中国中小企业，2017（11）：48-51.

[83]张瑞敏.海尔：人单合一对接物联网[J].企业管理，2017（12）：11-13.

[84]张瑞敏.人人都是CEO是德鲁克的忠告[J].企业观察家，2016（12）：90-91.

[85]张瑞敏.海尔的竞争优势在于创新[J].社会主义论坛，2001（01）：31-34.

[86]张瑞敏.海尔如何实现国际化[J].中外管理，2000（10）：30-32.

[87]张瑞敏.企业要坚持走名牌效益型发展道路[J].质量管理，1994（11）：03-06.

[88]张瑞敏.思路与出路——海尔集团的名牌战略[J].特区企业文化，1995（02）：18-21.

[89]周锡冰.老干妈传[M].北京：中华工商联合出版社，2022.

[90]周变丽.海尔创世界品牌的"三步走"战略实践初探[J].对外经贸实务，2014（04）：77-80.

海尔传

后 记

···········

　　"海尔中国造！"走向全球的海尔依旧持续迎来自己的业绩增长，即使在全球经济形势下行的背景下，海尔也同样交出了一份较为满意的答卷：海尔集团2022财年全球营业收入达到3506亿元，增长5.4%，生态收入450亿元，增长16.3%，全球利润总额252亿元，增长3.7%。

　　海尔凭什么可以在如此背景下仍取得较好的业绩呢？本书作者从多个角度介绍了张瑞敏的六次转型：临危受命、"海尔兄弟"、砸毁76台问题冰箱、激活"休克鱼"、服务到永远、"先有市场，再建工厂"、"人单合一"模式、海外并购、海尔再造等诸多不为人知的管理变革、经营策略、企业文化、国际化突围的办法等。

　　与此同时，作者还原了海尔在亏损极其严重，以及遭遇多次管理变革难题和转折点时，张瑞敏将海尔从"深陷泥潭"到"独领风骚"最为辛酸曲折的艰难决策过程，期望给中国5000万企业的经营者提供一些参考。

　　这里，感谢"财富商学院书系"的优秀人员，他们也参与了本书的前期策划、市场论证、资料收集、书稿校对、文字修改、图表制作。

　　以下人员对本书的完成亦有贡献，在此一并感谢：周梅梅、吴旭芳、简再飞、周芝琴、吴江龙 、吴抄男、赵丽蓉、周斌、周凤琴、周玲玲、金易、汪洋、兰世辉、徐世明、周云成、周天刚、丁启维、吴雨凤、张大德等。

　　在写作过程中，作者参阅了相关资料，来自电视、图书、网络、视频、报纸、杂志等，所参考的文献，凡属专门引述的，我们尽可能地注明其出处，非专门引述的则在书后附注的"参考文献"中列出，如有疏漏之处还望原谅。并在此向有关文献的作者表示衷心的谢意！

本书在出版过程中得到了许多商学院教授、智库专家、营销专家，以及出版社的编辑等的大力支持和热心帮助，亦在此表示衷心的谢意。

由于时间仓促，书中纰漏难免，欢迎读者批评指正（E-mail：450180038@qq.com）。

财富书坊同时也欢迎相关课题研究和出版社约稿、约课和开展其他战略合作。

此外，作者正在总裁班讲授《华为国际化如何突破美国陷阱》《传统企业到底该如何转型》等课程，欢迎培训机构、商学院约课。但凡购买《海尔传》1000册及以上的企业，作者亲赴企业讲授相关课程一天，免收授课费（差旅费需企业支付）。

联系方式：E-mail：450180038@qq.com；微信号：xibingzhou；荔枝微课：周锡冰讲台；公众号ID：caifushufang001。

周锡冰

2023年12月13日于北京财富书坊